ZBIGNIEW LEW-STAROWICZ

Wszystko da się naprawić

Projekt okładki
FRYCZ I WICHA

Redaktor prowadząca
Katarzyna Litwińczuk

Korekta
Mirosława Jasińska-Nowacka

Skład
Tomasz Erbel

Wydawca
Czerwone i Czarne Sp. z o.o. S.K.A.
Rynek Starego Miasta 5/7 m. 5
00-272 Warszawa

Druk i oprawa
Toruńskie Zakłady Graficzne
„Zapolex" Sp. z o.o.
ul. Gen. Sowińskiego 2/4
87-100 Toruń

Wyłączny dystrybutor
Firma Księgarska Olesiejuk Sp. z o.o. S.K.A.
ul. Poznańska 91
05-850 Ożarów Mazowiecki

ISBN 978-83-7700-184-4

Warszawa 2015

Książkę wydrukowano na papierze Creamy 80 g vol. 2.0
dostarczonym przez Zing sp. z o.o.

ZiNG
www.zing.com.pl

ZBIGNIEW LEW-STAROWICZ

Wszystko da się naprawić

Rozmawia
Krystyna Romanowska

Warszawa 2015

Rozdział I

Zbyt łatwo, zbyt szybko się rozstajemy

Panie profesorze, da się stworzyć związek bez konfliktów?

To ja pani zadam pytanie: spotkała pani kiedyś anioła?

Nie.

No właśnie. Ja też nie. Będziemy zatem rozmawiać o ludziach, bo ja na tym się znam, nie na niebiańskich sielankach. A ludzie mają konflikt wpisany w naturę. Więc oczekiwanie na to, że związek może obyć się bez konfliktów, to oczekiwanie niedorzeczne. Mało tego, konflikty są potrzebne. Rozładowują napięcia, pozwalają lepiej poznać drugą stronę, ale też siebie. Zna pani takie powiedzenie: zdrowo się pokłóciłem z żoną/mężem? No właśnie, zdrowo. Bo istnieją naprawdę zdrowe kłótnie, po których, jak po burzy, oczyszcza się atmosfera, wyartykułowane zostały żale i pretensje, czasem na nowo wynegocjowane zasady życia pod jednym dachem. Bywa i tak, że nagle druga strona dostrzega w partnerze osobę z temperamentem, a od jakiegoś czasu widziała w nim safandułę czy bezwolną ciapę. Ileż to razy konflikt sprawia, że i seks nabiera na nowo smaku.

Kłótnia higieniczna?

Albo wręcz jak skalpel przecinający wrzód. Mówimy oczywiście o sytuacji, kiedy konflikt nie przeradza się w wojnę domową. Ale tak naprawdę takich ostrych sytuacji nie jest wiele. Mimo to przez lata mojej pracy obserwuję, że teraz ludzie rozstają się zbyt łatwo, zbyt szybko. Zdecydowanie za szybko.

Bo jest to łatwe i wygodne?

Teraz tak. W przeszłości nie podejmowano łatwo decyzji o rozwodzie, bo człowiek żył pod silną presją opinii społecznej. Proszę pani, ja jeszcze pamiętam, że rozwodników nie zapraszało się na przyjęcia. Działo się to w latach pięćdziesiątych, sześćdziesiątych. Byli na marginesie, nie wypadało się z nimi spotykać. W małych miasteczkach stawali się szybko obywatelami drugiej kategorii.

Izolowani z powodu swojego życiowego niepowodzenia czy zerwania przysięgi małżeńskiej?

Ze wszystkich tych powodów. Proszę pamiętać, że małżeństwo było traktowane jako nierozerwalne, trwałe. Podjąć decyzję o rozwodzie to było wielkie wyzwanie, o wiele większe niż dzisiaj. Oczywiście, wiedziano, że są różne problemy: awantury, nieporozumienia, nadużywanie alkoholu, niedopasowanie seksualne, niewierność, ale trzeba było to przetrzymać dla dobra rodziny. Rodzina była najważniejsza, otaczano ją swoistym kultem, a jej trwałość, dobro dzieci to były właściwie dogmaty. Kościół miał ogromny wpływ na trwałość małżeństwa, tym bardziej że unieważnienie ślubu kościelnego należało do rzadkości. Generalnie, 40 lat temu nie było więc warunków sprzyjających do tego, żeby się rozwodzić. Notowano szalenie niski wskaźnik rozwodów. W sytuacji konfliktowej mąż i żona byli zdeterminowani, że trzeba konflikt przezwyciężyć dla dobra rodziny, dzieci. Albo sami się męczyli, albo chodzili do specjalistów, albo korzystali z pomocy księży w rodzinnych poradniach usytuowanych przy parafiach. Starali się przezwyciężyć ten kryzys. Zdarzały się wypadki, że przyjeżdżała dalsza rodzina, aby ingerować, zażegnać konflikt. Wspólnie próbowali jakoś pomóc. Dzisiaj jest to nie do pomyślenia.

Popatrzmy na źródła tamtych sytuacji kryzysowych. Zdrada – to było bardzo częste.

Więc co mogło pomóc? Wycofanie się z romansu: dla dobra dzieci, dla dobra rodziny. Oczywiście niektórzy (czy niektóre) byli po tej decyzji mocno poobijani, ale wiedzieli, że robią to w słusznej sprawie. W przeszłości, kiedy małżeństwo było traktowane bardzo serio, jeżeli kobieta zorientowała się, że mąż ma romans, czuła się mimo wszystko bezpiecznie. On utrzymywał rodzinę i raczej nie był skłonny, żeby zostawić żonę. Udawano więc, że tego romansu się nie widzi. Weźmy inny przykład: pijaństwo – alkoholik decydował się na leczenie też dla dobra rodziny.

A tzw. niezgodność charakterów?

Ona, po pijaństwie i zdradach, zajmowała trzecie miejsce w rankingu przyczyn rozstań. Tylko że to takie pojęcie wytrych: wszystko tam można zmieścić.

Czyli ludzie pracowali nad sobą chętniej niż teraz?

Nie wiem, czy chętniej, ale byli bardziej zdeterminowani, żeby rozwiązać problem dla dobra rodziny. Myślało się wtedy o tym, jak bardzo rozstanie odbije się na dzieciach, że będą cierpiały, więc nie można ich zawieść. Podkreślam raz jeszcze: było to poświęcanie się dla rodziny. Wtedy wskaźnik rozwodów był bardzo niski, wystarczy przejrzeć roczniki statystyczne. Pamiętajmy też o polskiej – bardzo prorodzinnej – obyczajowości. Rozbicie związku oznaczało samotność. Nic dziwnego, że wtedy się do sądu tak szybko nie leciało. To była ostateczność.

Czy ci ludzie z dogmatem nierozerwalności rodziny byli bardziej szczęśliwi niż dzisiaj?

Nie można tego rozpatrywać w kategoriach szczęścia. Ale można było mieć satysfakcję, że się poświęciło wszystko na rzecz rodziny, zwłaszcza jeśli się widziało wdzięczność ze strony dzieci.

A oni nie chcieli być razem dla siebie samych? Bycie ze sobą nie było wtedy wartością?

Nie aż tak jak dzisiaj. To, czy chcą być razem, było na dalszym miejscu, w cieniu. Głównie liczyło się poświęcenie na rzecz rodziny. To było takie powszechne hasło, nawet jeśli nie zawsze prawdziwe. Ale na pewno motywowało do działania, zmian.

No to zróbmy duży krok, 40 lat do przodu...

Zmieniło się ogromnie podejście społeczne. Kościół stał się dużo bardziej liberalny, łatwiej zdobyć unieważnienie związku małżeńskiego. Środowisko opiniotwórcze – celebryci, ludzie z show-biznesu, politycy, VIP-y – bez żenady mówi o swoich rozwodach, porzucaniu partnerów. Kiedyś było to nie do pomyślenia. Kiedyś starano się dawać przykłady prorodzinności, rozwodem się nikt nie chwalił, nie obnosił się. Dzisiaj w gazetach rozwody są opisywane z detalami, ba – rozstania zaczęły być celebrowane, urządza się przyjęcia rozwodowe. Nic dziwnego, że małżeństwo przestało być cenione. O tym świadczy także liczba związków na kocią łapę. Są kraje w Europie, gdzie takich związków jest więcej niż małżeństw. U nas dzieje się już to samo. W Polsce jesteśmy świadkami rosnącej liczby rozwodów, również po krótkim czasie trwania związku, jak i większej popularności konkubinatu. Podejście do rozstania staje się dość łatwe, a co więcej – nie jest to już dyskryminujące. Nikt się nie dziwi, że ktoś się rozwiódł, mówi się o tym otwarcie. A poza tym w wielu szkołach są klasy, gdzie większość uczniów pochodzi z rozbitych związków. Również te dzieci nie czują, że są gorsze, nikt ich nie piętnuje. Dojdzie być może i do takiej sytuacji, że dzieci z trwałych związków będą się czuły jakieś nietypowe.

Pan mówi: zbyt łatwo podejmujemy decyzję o rozstaniu.

Wie pani, to jest trochę tak jak z samochodem. Zmienia się go po dwóch, trzech latach, nawet gdy jest sprawny. Kiedyś ubrania przechodziły z ojca na syna, czyli...

Trwałość była wartością.

A teraz zmiana, zmiana, zmiana, wszystko jest w zasadzie jednorazowe. Lodówka się zepsuła, no to kupimy nową, nie warto naprawiać. Komórki się wymienia co rok. Laptopy – to samo. Zużył się troszkę, no to kupujemy nowy. I to zachowanie kulturowo-społeczne przenosi się na nasze związki. Druga osoba też się zużyła, trzeba ją wymienić na lepszy model. To jeden z motywów skłonności do rozstań.

Ale najbardziej niepokojące jest to, że rozwód stał się metodą rozwiązywania problemu. Tyle tylko, że rozwód nie jest żadną metodą rozwiązywania konfliktu. Jest raczej ucieczką od niego. Na dodatek łatwość rozstania w pierwszym związku rodzi obawę, że tak samo będzie się działo w następnych – czy to w małżeństwie, czy w konkubinatach. Zresztą był taki okres, kiedy królowały rozwody „lekkomyślne" – poznali się na dansingu, alkohol, następnego dnia ślub w urzędzie stanu cywilnego, po miesiącu rozwód. To były nieprzemyślane decyzje podjęte pod wpływem chwili, najczęściej chodziło o seks, a kobieta przecież zastrzegła, że „dopiero po ślubie". Ktoś się zorientował, że coś jest nie tak, i wprowadzono zapis, że od momentu zgłoszenia się do urzędu stanu cywilnego trzeba było czekać miesiąc na ślub. I ubyło par, które po pierwszej randce uznawały, że są dla siebie stworzone i będą żyły razem aż po grób. Dlatego pewne bariery czasowe w zawieraniu małżeństwa mają sens, żeby nie było tak jak w Las Vegas.

Ale przecież do rozwodu chyba wiedzie daleka droga. Najpierw są konflikty, często awantury, ciche dni i tak dalej, rozstanie to przecież tak poważna decyzja, że podejmuje się ją chyba rozważnie?

Nie do końca. Bywa, że ludzie walczą o zachowanie związku, ale zbyt łatwo mówi się teraz: „OK, to rozstańmy się, rozwiedźmy się". Jeżeli druga osoba zareaguje emocjonalnie: „Chcesz rozwodu, proszę bardzo", to mamy rozejście się jak w banku. A może warto, tak jak kiedyś cerowało się skarpetki, spróbować zacerować związek? Powiedzieć tej drugiej osobie: „Co ty wygadujesz? Przecież mamy tyle wspólnych wspomnień, możemy to wszystko naprawić".

Inaczej to wyglądało w czasach, kiedy ludzie żyli krócej, rodziny były wielodzietne – dynamika związku przebiegała trochę odmiennie. Aż takich starań wokół siebie nie trzeba było robić. Teraz wyobraźmy sobie parę, która w 30. roku życia postanawia się związać. Przed nimi jest statystycznie około 50 lat. Nie wszyscy muszą być 50 lat razem, ale na ogół chcą. Jakież to jest wyzwanie! Mamy być 50 lat razem! Przez pół wieku utrzymywać atrakcyjne relacje!

To dopiero sztuka...

To jest największe wyzwanie dla związku. A na dodatek ewolucja tego nie przewidziała, ewolucja była związana z naszą rozrodczością, później opieką nad małymi – i do widzenia. Znaleźliśmy się w nowym świecie. Tak samo jak ewolucja nie przewidziała, że świat ten jest ciekawszy od tego, co stworzyła natura. Bardziej wciągający. Młodzież się spotyka i każdy siedzi w swoim tablecie czy komórce. Trudno nawet przewidzieć, jak będą wyglądały ich miłosne relacje. Chłopak z dziewczyną będą w tym samym pokoju, przy różnych tabletach, w świecie elektronicznych pasji – i mogą oddalać się od siebie. Byłoby dobrze, gdyby chociaż oglądali to samo na tym samym tablecie... Do tej pory ludzie ciągle przebywali razem w ich wspólnym świecie, opiekowali się dziećmi i gospodarstwem, wolny czas też spędzali razem. Oglądali te same filmy, czytali te same książki.

A teraz wszystko stało się osobne. Jedno siedzi przy jednym telewizorze, a drugie w innym pokoju przy drugim. Już coś tracą. A sztuka bycia razem polega na tym, żeby łączyć. Oczywiście trzeba zachować swój indywidualizm i nic złego nie ma w tym, że ona sobie sama ogląda swój serial, ale dobrze by było, gdybyśmy wieczorem coś razem obejrzeli.

Jeżeli ewolucja nas tak nie zaprogramowała, to gdzie szukać pomocy?

U specjalistów i w książkach. Minęła już rola babć i dziadków, rodziców, którzy pomagali młodym. Oni już nie są opiniotwórczy. Często słyszę taką odpowiedź na pytanie, czy małżeństwo rodziców było udane: „Tak, dotąd są razem". Ale czy są szczęśliwi, czy się kochają, w jakiej są kondycji, czy jest im razem dobrze – nie wiadomo. Jeżeli rodzice mówią, że trzeba być razem, bo najważniejsze jest dobro rodziny, to nie jest to już żaden argument.

Sztuka życia we dwoje skomplikowała się, bo ludzie później wchodzą w związki i mają już pewne określone przyzwyczajenia. W dodatku długo żyją osobno jako single. Mieszkają we własnych mieszkaniach, prowadzą swój styl życia i teraz nagle chcą być razem. Różnice osobowościowe są już tutaj większe, ponieważ do tego wszystkiego dochodzi jeszcze duży pośpiech. Jest trudniej niż np. w moim przypadku – ja startowałem jeszcze w młodym wieku, kiedy nie było tych nawyków, kiedy istniały niewielkie różnice środowiskowe, np. małżeństwa z rodzin chłopskich, robotniczych czy inteligenckich miały podobne scenariusze. Młodzi ludzie szybko potrafili się dopasować do siebie – i ruszyli. A teraz różnice środowiskowe są duże. Dzisiaj sporo ludzi z założenia tworzy związki przejściowe. Na ogół stawiają na karierę, na to, by poznać życie, wyszumieć się, a później dopiero się ustatkować, czyli wchodzą w związki, które istnieją np. tylko dla seksu – to takie znajomości, przyjaźnie z seksem, ale to jeszcze nie ta właściwa osoba.

Obserwuję też jeszcze jedną niepokojącą rzecz: to nadprodukcja psychologów. Studia psychologiczne mają zdecydowanie obniżony poziom, nie przygotowują do pracy z pacjentami. A ci świeżo upieczeni absolwenci jeszcze z ciepłym dyplomem otwierają gabinet i praktykują terapię rodzinną. I zdarza się, że na pierwszej rozmowie z pacjentami mówią: „Musicie się rozstać, a pani powinna się wyprowadzić". Skąd po pół godzinie rozmowy już taka radykalna rada?! Tak nie wolno! Nie uważam, że jestem najlepszym fachowcem od terapii par od Bałtyku do Tatr. Mój styl pracy też się może nie podobać. Ale na pewno nie można słuchać terapeuty, który nakazuje po pierwszym spotkaniu, żeby partnerzy się rozstali – nikt nie ma prawa tak pochopnie decydować o ludzkich losach.

Panie profesorze, spróbujmy w tej książce ponaprawiać związek tak, żeby nie musiało dojść do trzęsienia ziemi i rozstania.

Może lepiej tak: jak trzeba, niech się zatrzęsie, byleby uniknąć śmiertelnych ran.

Jak sprawdzić więź uczuciową

Podczas terapii proszę partnerów, aby na kartce zapisali zalety drugiej osoby i uczucia, jakie żywią do niej, a następnie je odczytali. Okazuje się, że nawet w wieloletnich związkach jedna z osób potrafi zamienić się w słup soli, słysząc litanię zalet, których nigdy dotąd nie usłyszała z ust partnera. Padają wtedy pełne zaskoczenia pytania: „Ale dlaczego dotąd nigdy mi tego nie powiedziałeś(aś)?!". Partner z reguły odpowiada: „Myślałem(am), że wiesz", „Przecież to oczywiste i po co o tym mówić?".

Jak zdążyłem się przekonać przez lata terapii, słowo ma wielką moc i potrafi przeobrazić relacje w związku. Przyjemnie wiedzieć, co myśli i czuje do nas partner, który nie jest obdarzony darem ekspresji uczuć. Zdarza się jednak, że partnerzy zatrzymują się na poziomie ograniczonej komunikacji, przeżywaniu różnic w ujawnianiu uczuć i wyciągania pochopnych wniosków. Niejeden związek rozpadł się tylko dlatego, że partnerzy nie potrafili nawiązać dobrego dialogu, poznać siebie wzajemnie. Rosnące rozczarowanie i dystans doprowadziły do zaniku więzi uczuciowej i seksualnej.

Czy istnieje sprawdzony sposób, by ocenić dystans uczuciowy w związku? Tak. Proponuję wątpiącym w uczucia drugiej osoby dość proste ćwiczenie: stańcie w odległości kilku metrów od siebie, na wprost. Najpierw jedna osoba niech zamknie oczy i stoi w miejscu, a druga – po uprzedniej zapowiedzi – niech wolnym krokiem zbliża się do partnera. On w każdej chwili może powiedzieć „stop", jeżeli odczuje taką potrzebę. Następnie robimy zamianę w tej samej konwencji. Jeżeli druga osoba nie zostanie zatrzymana i wchodzi na nas, to więź uczuciową do niej można ocenić jako dobrą. W przypadku zatrzymania na „stop" ocenia się odległość, w jakiej to nastąpiło – im dalej od nas, tym większy dystans, opór czy niechęć. Takie ćwiczenie może powiedzieć więcej niż słowa.

(Zbigniew Lew-Starowicz, „O miłości")

Rozdział II

Jak dobrze się kłócić

Wspomniał pan przed chwilą o zdrowych kłótniach. Na czym to polega?

Przede wszystkim powiedzmy wyraźnie: kłótnia jest lepsza od obojętności. Bo wywołuje emocje, daje nadzieje na interakcję. Kłótnia jest dowodem na komunikację z partnerem. A obojętność to przeważnie koniec więzi.

Ale przyzna pan, że częste kłótnie wyczerpują energię ludzi będących w związku.

Jasne, czasami jak para zaczyna się u mnie kłócić, to tak się zaperzają, że nie widzą, że ja siedzę obok. Całkiem zapominają o moim istnieniu. Ale proszę pamiętać – do mnie nie przychodzą ludzie szczęśliwi, tylko skonfliktowani. Dlatego jestem codziennie obserwatorem kłótni, bo napięcia, które ci ludzie noszą w sobie, przynoszą ze sobą do gabinetu. Co nie znaczy, że w domu kłócą się bez przerwy.

Żeby dać przepis na bezpieczną kłótnię, rozłóżmy ją najpierw na czynniki pierwsze. W książce *Pogodzić różnice* Don Peterson, psycholog z Uniwersytetu w Rutgers, ustalił, że są cztery typowe zdarzenia, które stanowią przyczynę kłótni: krytyka, wymagania wobec drugiej strony, postawa: „Powtarzam po raz setny" i odrzucenie. Dla wszystkich ludzi, którzy się kłócą, typowe jest myślenie: ktoś musi być winowajcą – na pewno jest nim ta druga strona. „Jeżeli zadamy sobie pytanie, dlaczego doszło do nieprzyjemnej kłótni, wyciągamy zwykle oskarżycielsko palec w stronę naszych partnerów. Wina leży po ich stronie i to ich cechy charakteru wywołały dane zdarzenie. A my? Bez względu na to, jak niewłaściwe było nasze zachowanie, zostaliśmy sprowokowani" – czytamy w *Pogodzić różnice*. Radzę zapamiętać te słowa w momencie, kiedy rozpoczynacie kłótnię.

Co łączy wszystkie kłótnie?

Przede wszystkim emocje. Podczas kłótni rozum śpi. Albo można powiedzieć inaczej: rozum jest wtedy na usługach emocji. Zawsze, powtarzam, zawsze występuje najsilniejszy element: obwinianie drugiej osoby. Partner lub partnerka występuje w kłótniach w roli prokuratora, sędziego, czasami nawet w roli kata. Typowa jest próba narzucania swojego zdania i oczekiwanie, że druga strona podda się. W rezultacie do niczego to nie prowadzi z wyjątkiem eskalacji kłótni. W tak dużym stanie napięcia ludzie zapominają o tym, co mówią, a potrafią powiedzieć bardzo niedobre, wręcz toksyczne słowa.

Jakie?

„Jesteś menda, głupia, jesteś cham, wykapana mamusia"...

...„nie jesteś wcale lepszy od swojego ojca"...

...„prymitywny żołdak", „debilny spaślak", „nieudacznik", „ty flejo". Tak nie wolno! Nie można ubliżać. Nie można porównywać. I tak samo nie można generalizować na zasadzie: „ty zawsze", „od zawsze", „ty nigdy", „ja nigdy", „brzydzę się tobą". Nie można tak robić. Nie można używać obraźliwych tekstów pomniejszających wartość człowieka.

W zdrowej kłótni chodzi o to, by w komunikatach koncentrować się na tym, co mnie boli, a nie obrzucać partnera inwektywami. Wypowiadać diagnozę „czuję się zawiedziona, jest mi przykro, boli mnie to, że...", zamiast „jesteś beznadziejny, nie można na ciebie liczyć, do niczego się nie nadajesz". W czasie terapii uczymy pary takiego konstruktywnego sporu, by wypowiadane w złości słowa nie raniły do żywego. Wiadomo przecież, że partnerzy znają siebie lepiej niż inni i najlepiej wiedzą o swoich czułych punktach czy kompleksach. Wykorzystywanie tej wiedzy w kłótni jest ciosem poniżej pasa. Jeśli kobieta w zaufaniu opowiedziała mężczyźnie swoją biografię i wyznała, jak poczuła się oszukana przez poprzedniego partnera i jak mocno to przeżywała, ten obecny nie może sięgać po tę wiedzę i mówić w złości np.: „Zostawił cię, bo nie można z tobą wytrzymać".

Jak więc się kłócić, żeby nie kończyło się to za każdym razem wojną domową i słowami: „Jak chcesz, to się wyprowadź"?

Proszę pani, specjaliści opracowali dokładny plan przebiegu kłótni idealnej.

Czyli poda pan teraz przepis na najlepszą kłótnię świata.

Tak, i ten lekki sarkazm w pani tonie jest niepotrzebny, chociaż go rozumiem, bo wydaje się to niemożliwe. A jest możliwe. Podam zaraz wszystkie składniki i czas przygotowania. Otóż kłótnia kontrolowana powinna się składać z kilku faz – zapewniam, że można to zrobić. I można się tego nauczyć. Zacznijmy od tego, że dobra kłótnia nie powinna przekraczać pół godziny.

Z zegarkiem w ręku?

Tak, ale dlaczego te pół godziny jest ważne? Ze względu na to, że naukowo zostało dowiedzione: po takim czasie kłótnia przestaje być efektywna. Ludzie zaczynają się kręcić dokoła swojej osi. I nic z tego nie wynika. Są partnerzy, którzy potrafią całą noc się kłócić i nad ranem zaczynają od początku.

Bo znajdują się w punkcie wyjścia?

Tak. Tracą tylko czas. Powinni wiedzieć, że początkiem kłótni idealnej jest faza pierwsza, w której ujawnia się problem. Czyli np. spóźniłeś się znowu do domu.

Wiemy, że mamy do czynienia z problemem spóźniania się. Ten, którego problem dotyczy, zwykle odpowie: „O, ty zawsze tak reagujesz". I dobrze – tyle wystarczy, i tu przechodzimy do punktu drugiego kłótni idealnej: najistotniejsze jest mówienie o emocjach. Czyli: „Jestem wściekła, bo się spóźniłeś", „Jestem zła, jest mi smutno, jest mi przykro", „Źle się z tym czuję, bo kiedy się spóźniasz, zaniedbujesz pewne obowiązki", „Czuję się zlekceważona". Te emocje trzeba koniecznie nazwać, bo dopiero wtedy będą czytelne dla drugiej strony. A nie mówić: „Spóźniasz się dokładnie tak, jak robił to twój ojciec". Teraz uwaga: w większości przypadków wiemy, o co się kłócimy, ale są kłótnie, gdzie nie wiadomo, o co wybucha awantura.

Tzw. ukryty motyw. Ona krzyczy na niego, że się spóźnia, ale de facto wkurza ją jego pracoholizm.

I wtedy to spóźnienie jest właściwie punktem zapalnym. Następuje eksplozja, a nie wiadomo, o chodzi. Dlatego dobrze by było, gdybyśmy się kłócili o coś. O to, co jest wiadome.

Lepiej się kłócić o to, że „coraz bardziej mnie drażnisz"?

Tak, i wtedy nie ukrywajmy tego pod rzekomym problemem ze spóźnieniem. Nie szukajmy przyczyny pozornej, tylko mówmy wprost, o co chodzi. I w tym momencie przechodzimy płynnie do następnej części kłótni, czyli dyskutowania, omawiania problemu. Tu znowu należy koncentrować się na swoich emocjach. W fazie trzeciej trzeba znaleźć rozwiązanie.

Na przykład: „Nie mam już siły z tobą gadać, porozmawiajmy jutro?".

To niezłe rozwiązanie. Byle przy tym nie strzelać focha. Rozwiązaniem może być powiedzenie sobie: „Wiesz co? Pozostańmy przy swoich zdaniach, bo tutaj nie osiągniemy porozumienia, ale nie będziemy już do tego wracać". Też dobrze. Albo rozwiązanie w przypadku spóźnienia: „Jeżeli miałbym się spóźnić następnym razem, to do ciebie zadzwonię". Proszę pamiętać, że jeżeli po kłótni obie strony czują się gorzej, to znaczy, że kłótnia nie spełniła swojej roli, czyli wyładowania emocji. Takie kłótnie tylko nasilają patologie w związku. Kłócąc się dobrze, powinniśmy wiedzieć, że właśnie stajemy przed kryzysem, a awantura jest drogą do jego przezwyciężenia.

To na razie teoria. Ale jak właściwie można ją zastosować w praktyce i nauczyć ludzi dobrze się kłócić?

Ja to robię codziennie. Proszę ich, żeby obserwowali, jak przebiegła ich kłótnia, uczę oceniać jej konkretność. Konkretność kłótni jest bardzo ważna, trzeba wiedzieć, o co właściwie chodzi. Partnerzy oceniając swoje kłótnie, muszą się skupiać na swoich emocjach: czy one są w ogóle czytelne dla drugiej strony? Czy podczas kłócenia się wystąpiły wszystkie fazy i – co jest bardzo ważne – czy była wola rozwiązania problemu? I tego bardzo ładnie można się nauczyć. Nadal brzmi to niewiarygodnie?

Brzmi niewiarygodnie...

Ale w praktyce potrzeba zaledwie trzech do pięciu takich szkoleniowych kłótni i para zaczyna już zupełnie inaczej funkcjonować. Kłótnie są bardzo destrukcyjne, bo zapadają w pamięć, pozostawiają bolesny osad. Zwłaszcza kiedy się coś wykrzyczy w złości. Ostatnio była u mnie na terapii para z dziesięcioletnim stażem. Ona cierpiała z powodu nadżerki szyjki macicy, stosunki seksualne sprawiały jej ból. A jej partner był – niestety – namolny. Podczas awantury z jakiegoś zupełnie niezwiązanego z seksem powodu, ona będąc w wielkim napięciu, wykrzyczała mu w twarz: „Mnie od początku z tobą bolało!". Na dodatek przyznała, że zawsze miała wstręt do jego nasienia. Dla niego oznaczało to koniec. Przez te dziesięć lat był przekonany, że było im razem dobrze, że ona chciała się z nim kochać, że była zadowolona. Nigdy w spokojnej rozmowie nie powiedziała mu o swoim kłopocie. Efekt był taki, że mężczyzna się zablokował i zaczął unikać seksu. Mówił mi podczas terapii, że kiedy ona zaczynała go nakłaniać do seksu, to za każdym razem jakby na nowo słyszał te bolesne słowa.

Wniosek: nawet w największej złości uważajmy na słowa.

Słowa są niesłychanie trudne do odkręcenia. Jak ma zareagować kobieta, jeżeli on jej wykrzyczy w kłótni: „Wyglądasz jak tłusta krowa!”? Jak ma zapomnieć takie zdanie?

John Gottman, amerykański psycholog, twórca słynnego Laboratorium Miłości, podkreśla, że poniżanie, pogarda, wrogość i defensywność podczas konfliktów to tzw. czterej jeźdźcy Apokalipsy. Czego pan się dowiaduje o danej parze podczas tych kłótni w gabinecie?

Widzę, kto jest osobą dominującą, kto uległą. Śledzę mowę ciała, intonację, komunikaty, sposób wypowiadania się. Wyczuwam strefę konfliktową i zaczynam do niej docierać.

Z czym ci, którzy uczą się u pana dobrze kłócić, mają największy problem?

Z tym, że się w ogóle kłócą, i to coraz częściej, i z dużą dozą impulsywności. No i z tym, że te kłótnie właściwie nic nie dają. A jednocześnie partnerzy czują, jak cegiełka po cegiełce narasta ich wzajemna niechęć. Niech sobie pani wyobrazi, że się pani dzień w dzień kłóci...

Zdarzało mi się...

Przychodzą też z żalem, że ta druga osoba się nie zmieniła mimo serii awantur. Charakterystyczne jest zawsze oczekiwanie zmiany.

Kłócę się z tobą, bo chcę, żebyś był inny lub inna.

Dzięki kłótni on/ona ma się zmienić. I wtedy osiągniemy nasz cel, przestaniemy się kłócić i będziemy żyć długo i szczęśliwie.

Czy to zasadne oczekiwanie?

I tak, i nie. Niech pani wyobrazi sobie czysty, zadbany dom. Mężczyzna wciąż wchodzi do niego w ubłoconych buciorach. Żona mu mówi: „Zdejmij buty, już ci kapcie przygotowałam przy samym wejściu". Jeżeli brudzi butami, bo jest bezmyślny, można w końcu to zmienić. Kobieta powinna usiąść i powiedzieć: „Nie jest łatwo to błoto zmyć. Dlaczego to robisz? Dlaczego mi to robisz? Przestań". I wszyscy staną po jej stronie: ona ma prawo oczekiwać zmiany. Gorzej, jeżeli on to robi dla zasady.

Dla jakiej zasady?

Na przykład takiej, że kobieta nie będzie nim rządziła w tym zadbanym czystym domu, a on będzie robił, co zechce. Wtedy jest sprawa o niebo trudniejsza, bo trzeba sięgnąć do rzeczywistej przyczyny konfliktu, którą tu jest najprawdopodobniej walka o władzę między nimi. A chodzenie w brudnych butach po całym mieszkaniu to tylko symbol tego, co się w tym małżeństwie dzieje. Dokładniej – to symbol oporu mężczyzny. Dlatego nieraz potrzebny jest terapeuta, żeby uświadomić to partnerom.

Lepiej się kłócić o drobiazgi czy o rzeczy duże?

Trudno generalizować. Częściej wybuchają kłótnie o drobiazgi, ludzie raczej nie kłócą się z takiego powodu, że ona uwielbia Kukiza, a on – Leszka Millera.

Znam świetnie funkcjonującą parę: ona – liberalna, on – zwolennik PiS-u. Kłócą się czasami. O pozostawione na podłodze skarpetki.

Widzi pani, czyli jednak o głupstwa. Czasami jednak, jeżeli chodzi o sprawy światopoglądowe, może dojść do trzęsienia ziemi. Pamiętam parę niesłychanie kłócącą się z powodu tego, że schorowany papież jeździł po świecie. On uważał, że to nonsens i niepotrzebne męczenie starszego człowieka, ją to doprowadzało do szału, bo była głęboko wierząca i dla niej papież był świętą osobą. Ale tego typu kłótnie są rzadkie. Przeważnie spory dotyczą tego, że któraś ze stron lekceważy partnera.

„Bo ty jesteś egoistką"...

Tak, to słowo niesłychanie często pada podczas kłótni. Nie dalej jak wczoraj para mi się w gabinecie tak kłóciła, że ledwo dorwałem się do głosu. I to słowo padło z dwóch stron. Jeżeli zreferuję teraz tę kłótnię, to nasi czytelnicy mogą wyciągnąć dziwne wnioski na temat mojego podejścia do równouprawnienia. Ale trudno. Mąż mówi do żony w ten sposób: „Słuchaj, ja wiem, że jestem wybuchowy, że nie panuję nad emocjami i że się szybko nakręcam. Rzeczywiście. Błyskawicznie się nakręcam. Mogę być wtedy chamski, ale błagam, ty wtedy nic nie mów. Spróbuj zmniejszyć moje napięcie. Uśmiechnij się albo zrób coś, żeby mnie rozśmieszyć". A ona na to: „Tak? Jak nic nie powiem, to znaczy, że się z tobą zgadzam. Mowy nie ma!". On wtedy mówi: „Kochanie, przecież daję ci wszystko". I rzeczywiście, stworzył jej luksusowe warunki życia. Sądzę, że wiele kobiet by zazdrościło.

Ale ta wybuchowość...

Mówi do niej dalej: „Ja chcę tylko jednego, oczekuję od ciebie, żebyś była kobietą, która nie próbuje mi stawiać oporu, mówić nie. Tylko tyle. Żebyś była kobieca" – czyli w jego pojmowaniu „uległa". A ona mówi: „Nie".

Mogę ją zrozumieć.

Mówi: „Nie będę uległa, bo nigdy w życiu nie byłam uległa". Ich dramat i kryzys w związku zaczął się, kiedy zamieszkali razem. Przedtem, gdy okres tańca godowego się wydłużał, bo mieszkali w innych miastach i przez kilka lat spotykali się okazjonalnie, wszystko grało. Okres tańca godowego minął, zderzyły się dwie silne osobowości. Nawet jej matka mówi: „Ustąp, zobacz, masz świetne warunki, inne kobiety byłyby szczęśliwe na twoim miejscu". A ona mówi: „Nie chcę takiego szczęścia".

No i co pan na to?

No, źle widzę przyszłość tego związku. On się w swojej wybuchowości nie zmieni. Po prostu. Ona też chce dominować i ma ogromną potrzebę władzy. Gdyby rzeczywiście podczas konfliktowych sytuacji nie nakręcała go swoim zachowaniem, to można by z nim dojść do ładu. Gdyby potrafiła chociażby wyjść w tym trudnym momencie do innego pokoju, zrobić cokolwiek, byle mu się nie stawiać i nie mówić tego nieszczęsnego „nie".

Mówi pan – powinna wyjść do innego pokoju. No właśnie, jak to z tym jest? Trzasnąć drzwiami pod hasłem: „Nie chcę z tobą gadać, wychodzę"?

Zależy kiedy. Jeżeli grozi mordobiciem, to tak. Albo jeżeli mają być za chwilę zniszczone meble – również tak. Albo jeżeli podczas kłótni jedna ze stron została obrażona. Jeżeli ktoś słyszy: „Wstrętna małpa jesteś, pokurcz, dupek", ma prawo wstać i wyjść. To zademonstrowanie tego, że druga strona stosuje chwyty poniżej pasa. Mamy prawo czuć się obrażeni. Oczywiście, można wrócić do kontynuowania kłótni, ale skrzywdzona strona powinna usłyszeć: „Przepraszam". I tyle. Ja też czasami czuję się obrażony podczas terapii. Przedwczoraj pacjentka mi oznajmiła: „Wszystkie kobiety, wszystkie żony w Polsce są rozczarowane swoimi partnerami i wszystkie ich zdradzają". Ja jej na to, że nie do końca tak jest. Ona od razu wbiła we mnie wściekły wzrok i rzuciła agresywnym tonem: „Ja wiem, że tak jest. A pan tu tylko siedzi za biurkiem". No to musiałem sprowadzić ją do pionu, wskazać, że jednak pięć koleżanek to nie jest kilka milionów mężatek w Polsce.

Czy nasilająca się liczba kłótni codziennych to powód, żeby iść na terapię?

Warto, bo kłótnie, jak sama pani powiedziała, są wyczerpujące energetycznie. Czując się wyczerpanymi, z perspektywą kolejnej kłótni, możemy mieć naprawdę dosyć siebie nawzajem. I dość bycia w związku. To niedobry sygnał. Może dojść do tego, że nie będziemy się kłócić, bo to nas tak dalece wyczerpuje, że unikamy tego. To też złe, bo może przerodzić się w obojętność na drugą osobę.

Kłopoty z komunikacją

Sygnały, które wysyłają kobiety, są bardzo często dla mężczyzn nieczytelne. Banalna rzecz: jeżeli rozmawiają kobieta i mężczyzna i on potakuje, to znaczy „ja się zgadzam z tym, co mówisz". Kiedy potakuje kobieta, znaczy to tylko „ja cię słucham". Z tej przyczyny biorą się nieporozumienia: on uznał, że ona wyraziła zgodę, przyznała mu rację, tymczasem ona absolutnie nie miała takiego zamiaru, a jedynie życzliwie kiwała głową.

Analogicznie uśmiech kobiety wcale nie musi oznaczać, że jest zadowolona. Mężczyźni uśmiechają się tylko wtedy, gdy wszystko gra. Kobiety neutralizują uśmiechem spodziewaną agresję, stosują uśmiech jako samoobronę. To znowu prowadzi do spięć. Namolny mężczyzna, który napotyka uśmiech kobiety, odczytuje go jako akceptację swoich zachowań, które wręcz budzą jej zadowolenie. Tymczasem dla kobiety to może być wyłącznie reakcja obronna. To jest automat, neutralizacja agresji samców.

Typową sytuacją jest, że kobieta zachowuje się w sposób, który budzi męskie zainteresowanie – cieszy ją, że doprowadza mężczyznę do stanu, w którym jest gotów iść na całość. I wtedy nieoczekiwanie dystansuje się od niego, wycofuje się. Bo osiągnęła swój cel: przekonała się, że jest obiektem pożądania. Niczego więcej nie chce. A mężczyzna wręcz przeciwnie: dopiero teraz chce czegoś więcej. I nie rozumie dlaczego, skoro spotkał się z zachętą, tego nie dostaje. Kiedy mężczyzna mówi „nie", zawsze ma na myśli „nie". Natomiast często, gdy kobieta mówi „nie", to znaczy „być może".

Ale sprawę i tak skomplikowanych relacji między płciami dodatkowo gmatwa istnienie kobiet, które autentycznie same nie wiedzą, czego chcą, co mają na myśli, jaki komunikat chcą przekazać. Mężczyźni raczej się tacy nie zdarzają. Kobiety zaś potrafią zmieniać zdanie z godziny na godzinę. Wysyłać komunikat, po czym za chwilę wysyłać wręcz przeciwny. One w gabinecie same przyznają, że są w sobie zagubione, nie wiedzą, czego chcą. A co za tym idzie – ich sygnały są nie do odczytania. W takich przypadkach konflikty są nieustanne, bo między nimi nic nie jest do ustalenia. Umawiają się razem, że spędzą wieczór u przyjaciół, ale ona w ostatniej chwili się rozmyśla. I sama nie jest pewna, czy w ogóle chciała tam iść. Jego trafia szlag, bo jednak mężczyźni lubią mieć określony plan, wiedzieć, na czym stoją. Jej nieokreśloność doprowadza go do szału. To wynika z emocji, które u kobiet są zmienne, a u niektórych bardzo zmienne.

Kobiety nie zdają sobie sprawy, jak mężczyźni są czuli na własnym punkcie. Nie doceniają w ogóle, że panowie uwielbiają wchodzić w rolę terapeuty, który leczy je z kompleksów czy otwiera na seks. Są wówczas dumni i oczekują pochwały. A kobiety im tych pochwał szczędzą albo w ogóle ich nie wypowiadają. Wtedy czują się niedowartościowani.

Albo inny, dość powszechny rodzaj bolesnych dla mężczyzn zachowań. Ona nieraz potrafi sobie zażartować z niego, zupełnie bez złych intencji, ale publicznie. Dla mężczyzny jest to śmiertelna obraza, że własna kobieta wystawia go na pośmiewisko. A panie w towarzystwie często opowiadają o śmiesznostkach swoich mężczyzn. Podam taki przykład, który obrazuje, jak bardzo łatwo, bez złośliwości kobieta może poważnie urazić partnera. Otóż jedna pani w towarzystwie zażartowała, że mąż godzinami pucuje i dopieszcza samochód, jakby był jego kochanką. Miało być śmiesznie, ale on to odebrał jako przytyk, że jest niezdolny do posiadania kochanki, więc wyżywa się przy aucie.

Mężczyźni bardzo boją się kobiecego płaczu. Dla większości panów płacz świadczy o uczuciowej apokalipsie. Wielu mężczyzn płacze tak naprawdę kilka razy w życiu. Kobietom przychodzi to znacznie łatwiej, ale na poziomie emocji oni nie zawsze zdają sobie z tego sprawę. Odbierają jej łzy jako wyraz absolutnej katastrofy, czują się bezradni. Tymczasem kobiety płaczą często po prostu w stresie, płacz przynosi im ulgę.

Ale największe obawy budzą porównania z poprzednikami, oczywiście na niekorzyść: jaki poprzedni partner był w łóżku, jak duży miał członek. Kobiety często nie zdają sobie sprawy, jak silne męskie obsesje tu tkwią. Co innego porównania na korzyść w rodzaju „jesteś najlepszy ze wszystkich, których miałam" itp. – to u mężczyzn wywołuje pełny zachwyt. Mężczyzna boi się oceny, jakim jest kochankiem. Dlatego częste są pytania: „Czy było ci dobrze?". I partnerka nie zdaje sobie na ogół sprawy, że zadawane są z duszą na ramieniu.

Najgorsze jest publiczne odsłanianie tajemnic łóżka, a to się kobietom zdarza. W paplaninie, zwłaszcza po alkoholu, potrafią np. palnąć: „Mój nigdy nie bisuje" albo że jest „krótkodystansowcem". Kobiety na ogół powiedzą to mimochodem, niechcący, ale są też takie, które w ten sposób karzą partnera za swoją seksualną frustrację, za niezaspokajanie jej potrzeb w tej mierze. W naszym slangu terapeutów mówimy o takich zdaniach „toksyczne słowa". Tych wypowiedzianych publicznie mężczyzna długo nie zapomni. One mu się palą w mózgu jak neony i kobiecie bardzo trudno jest to odkręcić.

Nawet po wielu latach trwania w udanym związku jedno zdanie potrafi diametralnie zmienić wzajemne relacje, ich nastrój. Są słowa, o których musimy wiedzieć, że ranią – tę konkretną osobę – albo w ogóle mają charakter pejoratywny. Między innymi dlatego około dekady temu seksuolodzy na świecie zrezygnowali ze stosowania pojęcia „impotencja", a zastąpili je „zaburzeniami erekcji". Bo „ty impotencie!" stanowi dziś jeden z najgorszych epitetów, jakimi można zranić męską dumę. Słowa, które mężczyznę ranią najbardziej, to te, które odnoszą się do jego sprawności seksualnej, budowy genitaliów, umiejętności jako kochanka. Słowa też potrafią zranić kobietę, ale różnica polega na tym, że dla niej bardziej liczy się forma wypowiedzi, jej ton – czy słychać w niej pogardę, lekceważenie, agresję. Mężczyzna zaś zwraca uwagę na treść, konkretne sformułowanie. Kobieta wybaczy, jeśli powiemy jej czułe „mój ty słodki głupolku". Jeśli powiemy mężczyźnie „moja ty słodka pierdoło", on nie usłyszy czułego tonu, ale tylko komunikat ocenny: jesteś pierdołą.

Natomiast kobietę najbardziej zranić potrafią komunikaty dotyczące jej atrakcyjności fizycznej typu „nikt cię nie będzie chciał", „nikt na ciebie nie poleci", „zbrzydłaś, zestarzałaś się", ale też „jesteś zimna jak kłoda drewna". To są toksyczne słowa. Jeśli partner wygarnie kobiecie „nikt cię nie zechce!", wtedy u niej pojawia się pokusa sprawdzenia, czy rzeczywiście nikt...

Jest taka jedna kobieca mantra, którą słyszę w gabinecie, wyczytuję w listach, która powtarza się w wywiadach: „On mnie nie rozumie”. Czego one oczekują? Na moich zajęciach na temat psychologii różnic płciowych studenci skandują już na wyrywki hasło „czuj i myśl tak jak ja!” – tego chcą kobiety od mężczyzn. Kiedy ona wraca do domu po fatalnym dniu, który zaczął się od spóźnienia do pracy i nagany od rygorystycznego szefa, zaczyna się zwierzać mężowi ze wszystkich swoich emocji. A on mówi na to: „To po co się spóźniłaś?”. Kobieta wtedy traci grunt pod nogami, bo oczekiwała zrozumienia dla swoich emocji, rozdrażnienia i potwierdzenia, że została niesprawiedliwie skrzywdzona. A na pewno nie oczekuje pouczenia, tylko wysłuchania i pocieszenia.

Mężczyzna po powrocie do domu powinien powiedzieć kobiecie: „Siadaj i opowiadaj". Czyli dać jej okazję do wygadania się, opowiedzenia wszystkich zdarzeń i emocji minionego dnia. Dla pań możliwość wygadania się, podzielenia się tym, co było dla nich ważne, jest niezwykle istotna. Pomaga budować więź z mężczyzną, który znajduje czas, by ją wysłuchać. On oczywiście musi słuchać z uwagą i zrozumieniem, a nie z pobłażliwą miną. Jemu historia o tym, że sąsiadka źle spojrzała w windzie, może się wydawać bez znaczenia, ale partnerka takie drobiazgi naprawdę przeżywa. I jeśli zostaje z nimi sama, to mimowolnie oddala się od partnera.

Minimum raz w tygodniu kobieta do życia potrzebuje też dostać od mężczyzny bodziec – aktywność, którą lubi. Zakupy, kino, kawiarnia, spacer, przyjęcie towarzyskie. Coś, do czego będzie się mogła przyszykować, i co jej sprawi frajdę.

I najważniejsze: adoruj, bez względu na wiek. Ona potrzebuje wyrazów miłości nawet sześćdziesiąt lat po ślubie. Kobieta do końca życia chce się podobać i trzeba jej to okazywać: spojrzeniem, słowem, pocałunkiem, kwiatami. Partnerka chce też czuć, że mężczyzna ceni w niej coś więcej niż ciało. Widzi w niej człowieka.

A teraz ważna rada dla kobiet: trzeba przynajmniej raz na tydzień wyrazić podziw dla swojego mężczyzny. Choćby wydawało się, że nie ma nic do podziwiania – kobieta powinna coś znaleźć, chociażby drobiazg. Mężczyzna musi raz w tygodniu usłyszeć pochwałę.

(Zbigniew-Lew Starowicz, „O kobiecie")

Rozdział III

Wybaczyć zdradę?

Klasyka gatunku. Moja znajoma dowiedziała się, że mąż ją zdradza. Chce się rozwieść. To chyba pierwsza myśl, która w takiej sytuacji każdemu przychodzi do głowy. Powinna to zrobić?

Nie. I to trzeba wydrukować wielkimi literami, żeby jak mantra weszło do głowy: ROMANS NIE MOŻE BYĆ TRAKTOWANY JAKO NAJWIĘKSZE ZAGROŻENIE TRWANIA ZWIĄZKU I RODZINY. Jeśli weźmiemy statystykę romansów i rozwodów, to wynika z tego jasno, że większość romansów nie kończy się rozwodem. Większość przygód pozamałżeńskich kończy się rozstaniem pary kochanków, a nie pary małżonków!

Ale przecież to strasznie upokarzająca sytuacja.

Dlatego najzupełniej naturalna jest gwałtowna reakcja na wiadomość o tym, że partner spotyka się z kimś innym. Typowe i powszechne zachowanie to burza emocjonalna, która niestety niejednokrotnie prowadzi do nieprzemyślanych decyzji. Pierwsza reakcja emocjonalna musi być wybuchowa, to jest absolutnie normalne. Co więcej, gdyby jej nie było, to by dopiero wskazywało na dużo poważniejszy kłopot – koniec związku. Jeżeli druga osoba jest obojętna na romans partnera, to znaczy, że wcześniej zadziało się między nimi coś bardzo złego.

No to co ma zrobić moja znajoma?

Przeanalizować przyczyny zdrady. Przy okazji dowie się czegoś o sobie i o swoim związku. Zastanawianie się, refleksja są dominującą, najczęściej spotykaną postawą wśród moich pacjentów. To dobra strategia, bo traktuje zdradę czy romans jako wyraz kryzysu, który od jakiegoś czasu dotykał związek. No i relacja wcale nie musi się rozlecieć. Zdrada może prowadzić do przebudowy związku na nowych zasadach. Ba, szalenie często małżeństwo przeżywa renesans, ponieważ zdrada czy romans ujawniły ukryty konflikt, który potrafi trwać bardzo długo. O którym partnerzy nie rozmawiali albo go bagatelizowali, albo nie zdawali sobie z niego sprawy. I dopiero romans im to uświadomił.

Co jest ważne w tych pierwszych chwilach, kiedy romans zostaje ujawniony?

Pierwsza rozmowa. To, co podczas niej się zadzieje. Na przykład jak zareaguje jedna ze stron, kiedy usłyszy: „Zawsze mnie krytykowałaś(łeś), nigdy nie było pochwał, ciągle było źle". Czy będzie w stanie zrozumieć, że szukał(a) dowartościowania u innej osoby, poza związkiem? Motywów zdrady jest bardzo dużo. Dobrze, żeby podczas takiej rozmowy ten prawdziwy motyw został znaleziony. Najwłaściwsza strategia jest taka: posiedzieć i porozmawiać, wyjaśnić. I uwaga! Nie za długo. W wielu związkach ludziom tak mocno zależy na tym, żeby wszystko sobie wyjaśnić, że gadają, gadają, gadają... Rozmowa jest nieprzerwana i trwa za długo. Dialog ma swoje określone prawa, reguły. Rozumiem, że rozszalała się burza emocjonalna i osoba zdradzona (ale często także zdradzająca) chce z siebie wszystko wyrzucić. Ale kiedy zaczyna się dyskutować w nieskończoność, to ta wielogodzinna rozmowa kończy się niczym. W takiej rozmowie na pewno nie powinno się dążyć do tego, żeby w detalach opisywać przebieg romansu.

Ale jest w nas takie coś, co chce znać szczegóły.

Trzeba to „coś" powstrzymać. Wyobraźmy sobie: on ją zdradził, a ona chce się koniecznie dowiedzieć z kim. Często wie. I następuje eskalacja pytań: „A jaka była, jaka jest, co ty w niej widziałeś?". Powiedzmy, że rozmowa zaczyna się toczyć na temat detali ciała kochanki. Co się wtedy dzieje z partnerką? On nie może mówić, że jego kochanka miała piękne piersi. Oczywiście nie może też mówić, że kochanka była okropna i sam nie wie, co też w niej widział, bo będzie wiadomo, że kłamie. Dochodzi jeszcze sprawa wieku. Na ogół kobiety są bardzo wrażliwe na tym punkcie. Ale zdarza się, że kochanka jest rówieśnicą albo starsza. Nie wiadomo, co lepsze. Bo żona zacznie się zastanawiać, co on w niej widział, skoro nie było to piękne ciało młodej kobiety... A jeśli nie ciało, to co? To o wiele bardziej groźne. Bo jeśli młoda – można się pocieszać, że młoda to głupia. Rówieśnica lub starsza budzi większy niepokój, bo to oznacza, że musi mieć walory duchowe. W grę może jeszcze wchodzić sprawa atrakcyjności seksu. Na ogół kobiety jednak nie wnikają w takie detale anatomiczne, jak na przykład wąska pochwa. Mężczyźni też na ogół wprost nie informują, że anatomia miała znaczenie. Ale gdy są zdradzeni przez kobietę, to często dociekają, co takiego atrakcyjnego było z tamtym partnerem. I nie daj Boże usłyszą, że większy penis. Wtedy mężczyzna może być zdruzgotany na dłużej.

Poza tym istnieje jeszcze jedna sprawa związana ze stereotypami płci i podwójną moralnością. Mimo modelu partnerskiego przyjmuje się, że mężczyźni są bardziej skłonni do zdrady ze względu na fizyczność (czyli to taka zdrada niezagrażająca, bo to tylko potrzeba, ciało). Jeśli partnerka dowie się, że zdrada jest trochę zbliżona do korzystania z usług agencji towarzyskiej, to jest w stanie wybaczyć. Im bliżej agencji towarzyskiej, tym lepiej. Dla niej ważne jest, że to jeden epizod, bez uczucia, no – wyżył się po prostu. Potraktował tamtą jak dziwkę albo była naprawdę dziwką, a okazja się nadarzyła. Wtedy zdradzona kobieta ma pewne uczucie ulgi.

A jeśli zdradził z „porządną" kobietą, nie żadną puszczalską?

No to będzie bardziej bolało. Najgorzej, jeśli w tym było uczucie. Że mężczyzna długo nie mógł się przemóc, ale uczucie w nim się rozwijało i w końcu do tego doszło. Świadczy to o zaangażowaniu uczuciowym mężczyzny. Wtedy żona na sto procent zechce wejść w ich relacje uczuciowe. Będzie pytała: „Jaka ona jest, co w niej takiego ciekawego?". Im bliżej bieguna uczuciowości, tym będzie to bardziej przykre.

A może ona powinna po prostu zdradzić jego i powiedzieć: no to jesteśmy fifty-fifty?

Zdrada jako zemsta? Tak, nierzadko stosowana strategia. Nie polecam i uprzedzam: mężczyźni mocniej niż kobiety przeżywają zdradę i nie tylko chodzi o archetyp bycia rogaczem. Wynika to z dwóch aspektów. Pierwszy, bardzo fizjologiczny: kobieta się komuś oddała, inny mężczyzna ją miał, posiadł. Czyli tak, jakby nasienie tego mężczyzny zostało w niej na zawsze. Czysta biologia. A druga sprawa wynika z pewnych stereotypów i idealizacji kobiet. Pamiętajmy, że pierwszą kobietą w życiu mężczyzny jest matka. Zbieram setki albo tysiące wywiadów i zawsze pytam o relacje rodzinne. Bardzo rzadko spotykam się z tym, że wizerunek matki jest przez mężczyznę przedstawiony negatywnie, raczej nigdy w obrazie małżeństwa rodziców nie występuje matka zdradzająca. Jeżeli nawet zdradzała, to jako dzieci moi pacjenci przeważnie o tym nie wiedzieli. Ten pozytywny obraz przenosi się na towarzyszkę życia, która jest traktowana szczególnie, bywa idealizowana. Dlatego jej zdrada boli wyjątkowo. W jego oczach runął cały obraz. W związku z tym podczas pierwszej rozmowy po zdradzie on oczywiście będzie się starał dowiedzieć, dlaczego go zdradziła. Na 100 procent usłyszy, że to przez niego – nastąpi długa litania, że nie dbał, że przestał adorować, że za mało seksu, że... i tak można w nieskończoność wydłużać listę pretensji, czasem słusznych, czasem nie.

Mężczyzna jednak będzie drążył dalej: może się zakochała? Mężczyźni uważają, że kobiety oddają się z miłości. Nie wiedzą, że istnieje co najmniej kilkadziesiąt powodów (innych niż miłość), dla których kobiety uprawiają seks.

Ale załóżmy, że faktycznie oddała się innemu z miłości.

To mężczyzna wzdycha z ulgą.

!!! Przepraszam?

Jeśli okazuje się, że się zakochała, a seks i rozmiary członka nie były tak istotne, to on się trochę uspokaja. A w sytuacji, jeśli ona nie chce odejść do kochanka, to nie czuje się aż tak bardzo zagrożony w swojej męskości. No bo jeśli chodzi o seks, przecież wybrała mimo wszystko jego. Z jednej strony więc będzie uspokojony, ale z drugiej – niestety – będzie w nim tkwiło, że ktoś inny ją zdobył. Dlatego niektórzy mężczyźni po jej zdradzie zaczynają traktować partnerkę jak dziwkę. Na przykład mogą się zdarzyć wymuszenia seksu czy nawet zgwałcenia. A jeżeli nie wymuszenia, to ten seks między nimi stać się może gwałtowny, dziki, jest w nim niewyrażona ochota, żeby potraktować swoją żonę jak dziwkę. Czuły do tej pory partner zamienia się w łóżku w troglodytę z maczugą.

Podczas takiej rozmowy powinniśmy zatem po pierwsze – uzyskać motywy zdrady, a po drugie – dowiedzieć się, czy chcemy zostać razem, czy nie?

Na ogół po tej pierwszej rozmowie już wiadomo, w którą stronę para będzie zmierzała. Bo jeżeli porozmawiają, rzadko występuje uczucie zagubienia czy niepewności, co dalej. Wiadomo, czy zacznie się walka o zachowanie związku, czy też ta druga osoba kompletnie obrzydła. Nie mówię, oczywiście, o sytuacjach przymusowych: dzieci, kredyty, mieszkanie – i nie ma wyjścia. Jeśli ktoś chce zachować rodzinę i nie wyobraża sobie rozpadu związku, to rozmowa też będzie inaczej wyglądać. Będzie podczas niej wyłapywać sygnały, na ile utrzymanie związku jest możliwe. W czasie tej rozmowy zmienia się także obraz osoby zdradzającej. Jawi się jako osoba zupełnie nieznana. Odkrywa się w niej coś zaskakującego. Można sobie powiedzieć: „Tak mało się znamy". I to, paradoksalnie, może pomóc związkowi, można się uwrażliwić na potrzeby drugiej strony.

Załóżmy, że ta pierwsza rozmowa poszła na tyle dobrze, że nie dochodzi do rozpadu związku. Ale co dalej?

Pojawiają się wątpliwości: jeśli ktoś raz zdradził, to może zdradzić jeszcze raz. Dlaczego więc mam mu ufać? Coś się skończyło. W związku nieuchronnie zacznie funkcjonować zasada ograniczonego zaufania. Z tym jednak można żyć. Ale jeśli widzi się drugą naturę swojego partnera, to z pewnością musi pojawić się pytanie, która z nich jest prawdziwsza. Ta, którą się zna na co dzień, czy ta, kiedy był z kochanką. Na szczęście, ponieważ nasz organizm chce jednak zachować jako taką równowagę psychiczną, pojawiają się mechanizmy obronne, które łagodzą nasze obawy, zwątpienie, brak zaufania. Jeden z takich mechanizmów jest stary jak świat i nazywa się: „Mój mąż jest ofiarą tej zdziry/Moja żona dała się uwieść temu lowelasowi". Zrzucenie winy na kochanka/kochankę łagodzi ból i pozwala przenieść złość w innym kierunku, poza związek. Mężczyznom jest łatwiej, jeżeli ich partnerki mają romans na przykład z szefem. Klasyczny, biurowy. Mężczyzna czuje wtedy ulgę, stosuje racjonalizację w rodzaju: „Szef mógł zastosować mobbing".

Albo i nie mógł, bo ona sama tego chciała.

Ona mu nie powie przecież, że zdradziła, bo szef jest zabójczo przystojny. Więc mężczyzna będzie trwał w przekonaniu, że szef wymusił na niej romans. Jeżeli jeszcze jednocześnie ona zmieni pracę, jej partner nie będzie już czuł żadnego zagrożenia. I generalnie ta cała sytuacja może się zakończyć optymistycznie.

Gorzej, jeśli ona się zakochała w szefie, jest nim zauroczona, ba – dzięki niemu zaczyna znaczyć więcej w firmie i wspina się na społeczny czy też pracowniczy olimp. Przedstawia swój romans jako awans. Wtedy podczas tej pierwszej decydującej rozmowy o zdradzie partner może się dowiedzieć: „Ty zatrzymałeś się w miejscu, a ja się realizuję". Mężczyzna wówczas czuje się jak kogut pozbawiony ogona. Okazuje się, że rywal jest w hierarchii społecznej wyżej od niego, a co za tym idzie – ona też znajdzie się wyżej od niego. To nie tylko sama zdrada fizyczna, ale degradacja. Oto w wyniku zdrady mężczyzna stał się samcem beta. Nie wróżę takiemu związkowi świetlanej przyszłości.

A wracając do mechanizmów obronnych, które pozwalają nam zachować jako taką równowagę w nowej sytuacji: jak moja znajoma ma się ułożyć z partnerem, którego po zdradzie widzi na nowo?

Nie należy liczyć na to, że stanie się to podczas tego pierwszego wieczoru. Trzeba się cierpliwie przygotować, że będzie trwało to długo. Nastąpi wzajemna obserwacja, nadinterpretacja jego zachowań, przeczulenie, brak zaufania. To potrwa. Chyba że on jest na tyle mądry i ułatwi powrót do tego, co było. Do tych najlepszych chwil spędzonych razem. Ale to może trwać długo, nawet latami. Może toczyć się regularna wojna nerwów. On spóźnia się na obiad, ona myśli: „Pewnie się znowu coś zaczyna". Ba, nawet wspólna wycieczka do kina, oglądanie historii jakiegoś filmowego romansu może wyprowadzić taką parę z równowagi, bo... oboje będą się z tą historią identyfikowali. Wtedy taki film może być źródłem wieczoru pełnego napięcia.

Jak się zachować w sytuacji ujawnienia zdrady, kiedy osoba poszkodowana pragnie utrzymać związek, a ta, która zdradziła, nie jest pewna, czy tego chce? Walczyć za wszelką cenę?

Wszystko zależy od tego, co tak naprawdę się wydarzyło. Ale rada jest jedna: jeżeli nawet osoba, która zdradziła, nie wie, co dalej robić, nie należy reagować emocjonalnie. Nie warto mówić: „Jak to – nie wiesz? To do widzenia, ustępuję pola. Bądź szczęśliwy(a) ze swoją nową miłością". Dajmy czas tej osobie, no i sobie również, żeby zbyt pochopnie nie zmarnować sobie życia. A co do strategii za wszelką cenę. Teraz mam takiego pacjenta, który od lat jest rozwiedziony. Żona złożyła pozew o rozwód, nie chciała z nim być, ale z nikim się nie związała. On przez cały ten czas próbuje ją odzyskać, ewidentnie jest od niej uzależniony i nie potrafi się związać z inną kobietą. Mam też pacjenta, który walczy o żonę, która go zdradziła i jest w nowym związku. Ale tutaj może występować motyw ambicjonalny, rywalizacyjny, czyli: walczę z moim konkurentem i zobaczymy, kto wygra. I taka walka o utrzymanie związku za wszelką cenę niekoniecznie może być dobra dla związku. Można walczyć z powodów czysto praktycznych, np. standardu życia albo tego, że nie chcemy, aby dzieci wychowywały się w rozbitej rodzinie. Ale – uwaga! – dzieci nieraz są zasłoną dymną tylko po to, żeby tę osobę przy sobie mieć.

W jaki sposób przebiega taka walka? Otaczamy drugą osobę miłością, spełniamy jej wszystkie zachcianki, sprawiamy, że lepszego seksu nie można już sobie wyobrazić?

Zdarza się, że seks może być wtedy o wiele lepszy, bo w grę wchodzi bardzo biologiczny mechanizm – wzrasta libido. W przypadku kobiety może nastąpić zgoda na to, co jej się wcześniej nie podobało, a on się tego domagał, np. chciał seksu oralnego albo analnego, a ona nie chciała. A teraz – proszę bardzo. Poza tym można najzwyczajniej w świecie bardziej interesować się drugą osobą. Jeden z moich pacjentów po to, by utrzymać związek, zmienił pracę, żeby mieć więcej czasu dla żony. Ona jednak wciąż się zastanawiała, kogo wybrać. Więc on zaczął ją zabierać w atrakcyjne miejsca: Rzym, Paryż, Londyn. I podczas tych wycieczek wciąż o nią zabiegał. Podobnie w życiu codziennym. Stał się mniej agresywny, a wcześniej taki był – wybuchał bez powodów. I wygrał. Została z nim, mimo że kryzys w ich związku był groźny, a ona chciała się związać z innym mężczyzną, który miał bogatsze wnętrze od jej męża. W każdym razie bogate wnętrze przegrało z nim. Co więcej – nie wygląda na to, żeby ona była niezadowolona.

Czyli warto walczyć?

Wszystko zależy od tego, co czujemy, jakie mamy oczekiwania. Walka dla samej walki też nie ma sensu. Walka tylko dla ambicji, umotywowana jedynie rywalizacją, do niczego dobrego nie prowadzi. Nawet jeżeli odniesiemy sukces, rywal zostanie pogrążony, czyjeś na wierzchu – i co z tego? Co dalej? Warto walczyć, jeśli mamy świadomość, że tracimy kogoś bardzo cennego dla nas. I nie chcemy stracić tej osoby.

A co pan sądzi o takich dwóch zdaniach: „Wybaczyłam(em) ci, ale nie zapomniałam(em)" i „Zapomniałam(em), ale nie wybaczyłam(em)".

Nie może być dożywotniej kary. Można powiedzieć: „Wybaczam, ale nie jestem w stanie zapomnieć. Nie umiem, nie mogę". Takie powiedzenie sygnalizuje bezradność. I to dobrze, bo jest szczere. Oznacza: „Wybaczam, chcę zapomnieć, ale nie potrafię tego wymazać z pamięci, nie mam na to wpływu". To się przyjmuje do wiadomości, bo zawsze pozostaje nadzieja, że w miarę upływu czasu sytuacja się zmieni. Ale: wybaczam i nigdy tego nie zapomnę – to już jest dożywocie. Na „strategii dożywocia" można się przejechać. Pewnego dnia taka osoba z dożywociem zacznie się zastanawiać, czy to nie jest przesada. I może chcieć uciec z tego więzienia. Ale często się zdarza, że przebaczenie zostało udzielone zbyt łatwo. To z kolei daje zielone światło, że później też można sobie pozwolić.

Jak więc udzielić przebaczenia, żeby nie było za łatwe?

Musi być kanossa. Nawet wielki cesarz musiał się upokorzyć. Druga osoba ma się pokajać, obiecać poprawę. Wykazać się dobrą wolą i przejść test realnego życia. Pod hasłem: czy rzeczywiście się zmieniłeś i potrafisz to udowodnić. I wtedy, po pewnym czasie, może nastąpić przebaczenie.

Kiedy dokładnie, po roku na przykład?

Nie. Za długo. Nie należy tego przeciągać. Nie przesadzajmy. To sprawa kilku tygodni, miesięcy.

Strasznie to wszystko trudne. Przebaczyć, ale za łatwo – źle. Za szybko – też niedobrze. Zbyt długo – skazanie na więzienie emocjonalne.

No – trudne, ale nie mówimy o łatwych sytuacjach. Zresztą z przebaczaniem jest ciekawa sprawa, bo inaczej reagują mężczyźni, a inaczej kobiety. Mężczyzna modli się, żeby kobieta łatwo wybaczyła mu zdradę.

A kobiety nie?

Nie tak prosto. Jeżeli mężczyzna łatwo wybaczył, kobieta może to odebrać trochę negatywnie – że jemu nie zależy na niej, nie kocha jej, nie pożąda. Co może wtedy zrobić?

Przetestować go i zdradzić jeszcze raz?

Nawet niekoniecznie naprawdę, może udawać zdradę, żeby zaobserwować emocje partnera.

Mężczyźni trudniej wybaczają niż kobiety?

To zależy od charakteru, a nie od płci. Mężczyźni, jak mówiliśmy, bardziej przeżywają zdradę fizyczną. Kobiety natomiast są bardziej przewrażliwione na punkcie zdrady uczuciowej.

Lepiej nie mówić o swojej zdradzie?

Zdecydowanie tak, jeśli istnieje duże prawdopodobieństwo, że druga osoba się o niej nie dowie. Oczywiście mówimy o przypadku, gdy nie chcemy rozpadu związku. Radzę nie mówić. Nieraz jest tak, że ta druga osoba – nawet mimo faktu – pragnie zaprzeczenia. Woli kłamstwo niż przyznanie się.

Panie profesorze, wróćmy znowu do mojej znajomej. Załóżmy, że jednak się nie rozstaną. Ale jak ona ma żyć z obniżonym poczuciem zaufania do partnera? Co ma robić?

Nic. Po prostu musi z tym żyć. Tak samo jak po amputacji – też trzeba żyć. To jest pewna amputacja. W tym przypadku – zaufania. Życie jest już trochę inne. Nie jest to beznadzieja, ale jest inaczej. Nie ma wyjścia, trzeba z tym żyć.

Jak ma walczyć z chęcią ciągłego kontrolowania, kiedy włączy się jej

mechanizm: „On na pewno teraz mnie zdradza"?

To zależy od typu osobowości. Jeśli są to osobowości potencjalnie zazdrosne, trochę paranoiczne, to z natury będą miały cechy śledczego. I tak będą żyć. Na szczęście są też inne, które potrafią powiedzieć: „Było, minęło, żyjemy dalej, nie sprawdzam, bo mam do ciebie zaufanie". I są też tacy, którzy co pewien czas muszą przeprowadzić rewizję, żeby się uspokoić.

A która strategia jest lepsza?

Nie mogę zalecać, aby być Najwyższą Izbą Kontroli, na pewno nie przez cały czas. Jeśli osoba nie budzi w nas zaufania i mamy sygnały, że więcej było deklaracji niż autentycznych czynów, to taka okresowa kontrola może być korzystna. Partner systematycznie sprawdzany będzie musiał najpierw trzy razy pomyśleć, zanim coś przeskrobie. Oczywiście bywa tak, że zaczyna się życie jak w więzieniu. Rewizje, kontrola komputera i komórki, grzebanie w koszu na śmieci, obwąchiwanie koszul. Pamiętajmy jednak, że wspólne życie jest pewną sztuką.

Ale też ryzykiem.

Też. Ale musimy dopuścić do niego pewien stopień improwizacji. To nieuniknione. Nie wszystko da się przewidzieć, skontrolować, zaplanować. Bywa, że niewierny partner ma tak ogromne poczucie winy, że sam siebie wpędza w piekło. Stale przeżywa dawno zakończone momenty zdrady, wpada w depresję, ma nieustanne poczucie winy. Nie może sobie przebaczyć, zaczyna siebie nienawidzić. Nawet często wtedy ten zdradzony partner zaczyna się litować, widząc, że to ich skruszenie poszło za daleko.

Książka Pameli Druckerman *Dlaczego zdradzamy?* zawiera długi passus poświęcony amerykańskiej terapii par po rozwodzie, która w praktyce polega na tym, że ten, który zawinił, nieustannie bije się w piersi, opowiadając ze szczegółami, w jaki sposób zdradzał. Chyba nie tędy droga...

Nic z tego nie wynika. Terapia ma polegać na opieraniu się na dobrych fundamentach związku. Ma nauczyć ludzi właściwej komunikacji i rozwiązywania problemów od razu, żeby one się nie nakładały, nie zalegały, nie gromadziły. W rozdrapywaniu i ciągłym powracaniu do tego samego nie widzę większego sensu. Każda sesja z nowymi szczegółami jest tylko pogłębianiem traumy.

Teraz trochę zboczę z tematu, ale to, co powiem, tylko pozornie nie będzie miało związku z głównym nurtem naszej dyskusji. Słyszymy na przykład w telewizji, że na tereny nawiedzone powodzią od razu kieruje się grupę psychologów. Myślimy: słusznie, potrzebna im terapia kryzysowa. Ale nie zawsze i nie do końca jest to właściwa decyzja. Często okazuje się, że ci ludzie są w coraz gorszym stanie psychicznym. Ba – że psycholog nie pomaga, tylko wręcz pogarsza ich stan. Dlaczego? Bo psychologowie zostali wysłani tam za wcześnie. Ludziom wcale nie pomaga natychmiastowe łagodzenie sytuacji kryzysowej. Podobnie jest z konfliktem w związku. Wszystko trzeba przetrawić, przeżyć, musi nastąpić wybuch, musi być rozpacz, trzeba się wypłakać. A jeśli od razu pojawi się psycholog, to tylko wydłuży traumę. Jeżeli w sytuacji kryzysowej szukamy natychmiastowej terapii, popełniamy błąd. Trzeba się wypłakać, wykrzyczeć, mieć nieprzespane noce. Ta ostra faza stresu musi być przeżyta.

A co pan powie o takim przypadku: znam parę, w ich związku nigdy nie doszło do zdrady, bo na początku umówili się, że jeżeli któreś zdradzi, drugie odchodzi. Warto takie umowy zawierać? Mają moc?

Można taką umowę podjąć. Ba – może ona nawet faktycznie hamować zdradę albo nawet ją uniemożliwić. Ale to musi być przekonująca umowa. A nie tylko ot tak rzucona w przelocie deklaracja. Potrzebna jest prawdziwa umowa, żeby uwierzyć, że rzeczywiście nasz partner czy partnerka jest gotowa to zrobić.

Jak ubrać w słowa taką rozmowę?

Na przykład w ten sposób: „Kocham cię bardzo, ale jeśli mnie zdradzisz, wtedy nie wyobrażam sobie życia z tobą". I trzeba mieć przekonanie, że to rzeczywiście prawda. Jeżeli tak jest, to nawet w sytuacji wyjazdu integracyjnego i upicia się szybko można wytrzeźwieć. Po prostu jeżeli wyobrazimy sobie konsekwencje zdrady, nastąpi natychmiastowe otrzeźwienie w poczuciu zagrożenia.

Taka umowa jest ważniejsza od sakramentu kościelnego?

Może być ważniejsza, bo ślubowanie małżeńskie jest dożywotnie według Kościoła. Ale to w zasadzie tylko deklaracja, często formułka dla niektórych de facto bez znaczenia, wypowiadana jedynie dlatego, że bez niej nie da się wziąć ślubu kościelnego. Doskonale też wiemy, że to, co ludzie mówią sobie w wieku dwudziestu kilku lat, nie musi obowiązywać, kiedy tych lat mają już czterdzieści.

Czyli warto składać sobie takie przyrzeczenia?

Jeśli mamy taką potrzebę. Są różne związki, na przykład otwarte, również na romans. Dają sobie zezwolenie na potencjalny romans, który nie przekreśli ich związku. Ale jeśli takiego pozwolenia nie ma, to wtedy normie wierności daje się pierwszeństwo przed miłością. I to jest OK. Nazywamy to kontraktem partnerskim. Wiele jest takich kontraktów o mniejszym lub większym ciężarze gatunkowym. Może być taki, że w środy gram z kolegami w brydża, a ona ma babskie spotkania w czwartki. Może być kontrakt, że na wczasy jedziemy osobno albo mam taką pracę, że często podróżuję i trzeba się z tym pogodzić. I podpisujemy mentalnie taki kontrakt.

Czy to umacnia związek?

To jest umowa, którą trzeba respektować. Mamy prawo do jej zawarcia i jej egzekwowania. Jeśli obowiązuje umowa, a dojdzie do zdrady, to wtedy wiadomo, co czeka związek. Koniec. Nie trzeba się wtedy zastanawiać, w którą stronę pójdzie relacja. Spotykam takich konsekwentnych ludzi. Wtedy ta druga osoba dziesięć razy zastanowi się, zanim pójdzie na całość. To może utrzymać związek.

Dlaczego zdradzają

Panuje stereotyp, że prawdziwy mężczyzna musi zdradzać swoją partnerkę. Mężczyźni są uważani za twory przez naturę zdeterminowane do tego, aby zdradzać. Inaczej mówiąc: mężczyzna z natury jest poligamiczny, a kobieta – monogamiczna. Miesza się tu kilka pojęć. Popęd płciowy jest z natury poligamiczny, ale wybór dokonywany przez człowieka co do realizacji tego popędu może być poli- lub monogamiczny. Ten proces jest niezależny od płci. Warto też przypomnieć, że przesąd ten rozpropagowali sami mężczyźni w czasach obyczajowej podwójnej moralności. Dawał im większe uprawnienie w swobodzie życia seksualnego. Więc na zarzut żony: „Znowu mnie zdradziłeś, ty łajdaku!" – odpowiadał po prostu:

„Nic nie poradzę, taka już moja natura. Z nią się nie walczy!".

Kolejny mit brzmi: jeśli zdradzi raz, zrobi to ponownie. Nie ma takiej prawidłowości. Z badań socjoseksuologicznych wyraźnie wynika, że zdrada przeważnie ogranicza się tylko do jednego partnera. W ogóle ostatnie badania o seksualności Polaków donoszą, że coraz mniej zdradzamy. Ale mam wrażenie, że wynika to z braku... czasu. Żeby zdobyć drugą kobietę, trzeba jednak poświęcić na to kilka długich chwil. A gdy się nie ma czasu, dużo się pracuje i jest się zmęczonym, to i zdrada nie w głowie.

Prawdą jest jednak, że mężczyźni częściej zdradzają niż kobiety. Przyczyn jest wiele. Przede wszystkim na męską zdradę istnieje większe przyzwolenie społeczne. Mężczyźnie łatwiej jest zdradzić, bo – statystycznie rzecz ujmując – częściej u niego zdarza się seks dla seksu. Dodatkowo mężczyźni są bardziej podatni na uleganie kobietom, które mają na nich ochotę. Tłumaczą sobie: jak trafia się okazja, to grzech nie skorzystać. Poza tym zdradzają, bo są seksualnie niezaspokojeni, bo chcą się dowartościować („komuś się jeszcze podobam"), zdradzają, żeby zobaczyć podziw w oczach kobiety, którą poderwali. Od kobiet natomiast wymaga się więcej, ich zdrady są traktowane surowiej. Mężczyzna kobieciarz miewający romanse jest postrzegany jako normalny i nie ma to wpływu na jego ocenę jako osoby. A niejednokrotnie on sam w ten sposób buduje swoje poczucie wartości. Jeżeli miał tylko jedną partnerkę, może mu to ciążyć.

Kobiety boją się jak ognia zdolności mężczyzny do oddzielania seksu od uczuć. Bo nie rozumieją, że mężczyźnie przychodzi to łatwo. Chociaż niektóre panie też to potrafią, ale zdarza się to bardzo rzadko. To jest lęk przed nieznaną naturą męską, przed ukrytym życiem. A przede wszystkim lęk przed byciem skrzywdzoną. Kobiecie może się zawalić świat, gdy się dowiaduje, że jej mężczyzna ma od kilku lat romans. Dla niej jest po prostu bydlakiem. Ale gdyby poznała jego myśli i przeżycia, to, że on ma poczucie winy, że zrobił źle, że jest uwikłany i nie wie, jak sobie z tym wszystkim poradzić... Wielu mężczyzn przychodzi do mojego gabinetu z olbrzymim poczuciem winy. Nie dają sobie rady z emocjami. Żona nic nie wie. Oni patrzą jej w twarz, która jest pełna wiary w lojalność, i czują się jak zbity pies niezasługujący na takie zaufanie.

Wielu mężczyzn w przypadku ujawnienia zdrady tłumaczy to nieustannym stresem, w którym żyją.

Ma on być „okolicznością łagodzącą" w oczach partnerki. Zdaniem mężczyzn kreowanie się na ofiarę stresów zawodowych powinno znaleźć zrozumienie w oczach kobiety – w końcu to dla ich wspólnego szczęścia się tak poświęca! Liczą na to, że niewierność będzie potraktowana łagodniej. Mężczyzna może w takiej sytuacji zrobić żałosną minę i stwierdzić, że poziom stresu był u niego tak duży, że musiał pójść do łóżka z kobietą, żeby go rozładować, odprężyć się i zapomnieć o wszystkim. Czasami rozczulony potrafi nawet rozpłakać się nad swoją niedolą. Niejednemu mężczyźnie udało się wybrnąć w ten sposób z niekomfortowej sytuacji.

Zresztą w tym mechanizmie kojącego działania zdrady i uwolnienia się od stresu jest sporo prawdy. Chemia seksu wiąże się z neuroprzekaźnikami w mózgu odpowiedzialnymi za stan euforii. Poza tym w ramionach obcej kobiety można oderwać się od wszystkiego i się wyłączyć. Nie jest to natomiast żadne usprawiedliwienie zdrady, równie dobrze mężczyzna mógł pójść na basen albo do spa.

Częstym tłumaczeniem zdrady jest alkohol. I może być to jakiś argument, ponieważ po alkoholu ma się trochę mniej hamulców. Przeprowadzono kiedyś taki eksperyment: siedzi facet w barze i im bardziej jest wstawiony, tym brzydsze kobiety są dla niego bardziej atrakcyjne. Nie można jednak uznać, że alkohol rozgrzesza, trzeba znać motyw zdrady. Jeżeli wiadomo, że mężczyzna po alkoholu ma kompletny black out i nie wie, co się z nim dzieje, nic nie pamięta, a są tacy mężczyźni, to można mu łatwiej wybaczyć.

Czasami wygodnym tłumaczeniem zdrady jest stwierdzenie: „No cóż, po prostu jestem uzależniony od seksu. To silniejsze ode mnie". Nie podważam takiego rozpoznania jak uzależnienie od seksu. Są takie osoby, ale rozpoznanie opiera się na konkretnych kryteriach diagnostycznych. Natomiast zdecydowanie zbyt często występuje nadużywanie tego terminu właśnie do wytłumaczenia swoich postępków. Zwykle sytuacja w gabinecie, kiedy przychodzi do mnie para z tym problemem, jest następująca: on siedzi z wyrazem cierpienia na twarzy. Nie ma – nie musi mieć poczucia winy – jest przecież baaardzo chory, nie boi się następstw swoich zachowań, jest całkowicie skoncentrowany na sobie i gotowy do natychmiastowego poddania się leczeniu. Jego partnerka zachowuje się wobec niego bardzo opiekuńczo, jest przejęta stanem jego zdrowia – to w końcu choroba groźniejsza od grypy… Bo kobieta woli mieć chorego niż łajdaczącego się męża, dlatego dla niej ten rozwój sytuacji też jest bardzo wygodny. W ten sposób załatwia się kilka rzeczy naraz. Nie trzeba prowadzić raniących rozmów, on nie musi się tłumaczyć, ona – analizować. Jej samoocena w kobiecej roli nie jest zagrożona. Co więcej, związki i romanse partnera nie są dla niej niebezpieczne, oczywiście z pominięciem chorób przenoszonych drogą płciową. Jego zdrady bowiem nie opierają się na uczuciu, tylko chorobie. To bardzo wygodny dla obojga mit.

Często mężczyźni zrzucają z siebie ciężar winy w ten sposób, że dzielą się ze swoją partnerką informacją: „Zdradziłem cię, kochanie, i bardzo żałuję". Poczucie winy doskwiera – trzeba więc się z tego oczyścić i ujawnić swój grzech. I wtedy dopiero się zaczyna! Zdejmują z siebie ciężar, ale obarczają nim kogoś innego. Zakomunikowanie drugiej osobie o wiarołomstwie wiąże się z nieprzewidywalnymi konsekwencjami. Świat jego zdrady – to jedno, ale świat, jaki otwiera się przed zdradzoną kobietą – to coś kompletnie innego. On nie kłamie, mówiąc: „Kochanie, zdradziłem cię z koleżanką z pracy, ale nic nas nie łączy, to był jedynie seks, przepraszam cię i wybacz mi". Chciałby tylko, żeby żona mu wybaczyła – i sprawa jest załatwiona. A dla niej zaczyna się piekło pytań i domysłów: „Dlaczego to zrobił, czy to atrakcyjna kobieta, czy młodsza, w czym jestem gorsza od niej, w jaki sposób się kochali, czy jest lepsza ode mnie w łóżku, inteligentniejsza, bardziej chętna? Czy on jest niezadowolony z naszego życia?". Mężczyzna kompletnie nie zdaje sobie sprawy z tego, co wywołał i co się z jego partnerką dzieje. Nie da się przewidzieć kobiecej reakcji. On może i uwolnił się od winy, kamień spadł mu z serca. Ale w tym właśnie momencie może zacząć się jeszcze większy dramat niż jego funkcjonowanie z wyrzutami sumienia. Radzę ważyć słowa i przemyśleć, czy naprawdę chcemy wyznać swoje grzechy.

Strategia kłamstwa też nie jest tak do końca zła. Konsekwentne zaprzeczanie: „Nie zdradziłem cię i nigdy tego nie zrobię" – chociaż na zdrowy rozum było to oczywiste, czego dowodem są ślady szminki na kołnierzyku – dla żony o czymś świadczy. Mianowicie: że to ona jest dla niego najważniejsza, a tamta się nie liczy.

(Zbigniew Lew-Starowicz, „O mężczyźnie")

Rozdział IV

Jak uniknąć znużenia

Panie profesorze, rozmawialiśmy o zdradzie, ale odnoszę wrażenie, że to nie jest najpowszechniejszy powód niezadowolenia ze związku. Obserwując swoje otoczenie, widzę, że po kilku latach wspólnego życia przychodzi jakiś rodzaj znużenia drugą osobą, wszystko już jakby mniej smakuje. Co z tym robić?

Pogodzić się z sytuacją, że związek dwojga osób ma swoje etapy. Jednym słowem: wydorośleć i pozbyć się naiwnego przekonania, że przez całe życie w żołądku będą pojawiać się motyle na widok partnera. Nie będą – czas motyli minął, czas godowy się skończył, no i teraz trzeba jakoś razem żyć, a jak to życie będzie wyglądało, zależy od nas samych. Nie ma innej recepty niż ta, że o związek trzeba dbać. Proszę zauważyć pewien paradoks: jeśli spytamy kogoś, z czym kojarzy ci się słowo „dbać", wymieni przeważnie dzieci, dom, ogród, samochód, a zapomni o związku.

Bo to takie niekonkretne – cóż znaczy dbać o związek.

Nie ma co dorabiać skomplikowanej filozofii – dbanie o związek to uwzględnianie potrzeb i oczekiwań drugiej osoby. I czasami po prostu trzeba nad tym popracować. Jeżeli nasz partner jest pieszczochem, to postarajmy się zaspokajać jego potrzeby. Albo kiedy potrzebuje zamknąć się na pięterku i malować czy słuchać muzyki przez kilka godzin, uszanujmy to. Ważne, żeby drugiej osobie było z nami dobrze.

O sobie mamy zapomnieć?

Nie. Jeśli dbamy o dobry nastrój drugiej osoby kosztem siebie, to jest to masochizm. Wyobraźmy sobie kobietę, która trafia na fantastycznego faceta, on o nią dba, jest człowiekiem pracowitym, inteligentnym, prowadzą udane życie erotyczne. Ona zaklina: „Żeby to nadal trwało, żeby się nie zepsuło". No, moja droga, od ciebie też to zależy. Proste pytanie: co lubi twój mąż? Kuchnię włoską. Więc gotujcie włoskie potrawy, chodźcie do włoskich knajpek. Chyba że ona jej nienawidzi, to wtedy trzeba znaleźć coś innego w zamian. Radzę dbać o związek, ale nie kosztem własnych potrzeb.

Jeżeli zależy nam na związku, podchodźmy do niego z należną mu uwagą. Istota sprawy polega na tym, że powinno się zobaczyć drugą osobę jako pewną indywidualność, a nie egzemplarz stadny. Poznawajmy nawzajem swoje pasje, zainteresowania, co nie znaczy przecież, że mają się one stać naszym hobby. Prosty przykład: wielu mężczyzn pasjonuje się sportem. Niedbałość o związek wygląda tak – ona pogardliwie mówi: „Nie rozumiem, co ty widzisz w tym kopaniu piłki". I na dodatek, jak jest ważny mecz, upiera się, że muszą koniecznie jechać na zakupy. A wystarczyłoby, żeby życzliwie zapytała, co on właściwie widzi w tym fascynującego, co w futbolu jest takiego interesującego, że on potrafi zarwać noc, żeby obejrzeć jakiś mecz. Nie chodzi o to, żeby oglądała z nim mecze, w tym czasie może zająć się sobą, ale może zrozumie jego pasję, a przynajmniej stworzy takie wrażenie. I to już wystarczy, żeby on miał poczucie, że jest z fajną babką. Tak samo jego też powinno zainteresować, co ją fascynuje.

A jeśli ją fascynuje moda?

Proszę bardzo, czemu nie. Niech ją zapyta, co w tej modzie jest ciekawego, jakie są kierunki zmian, którzy kreatorzy są najsłynniejsi, czy uważa, że obecne trendy są dobre dla niej. Przecież nie chodzi o to, żeby stał się nagle znawcą mody, ale o to, żeby ona nie czuła, że niby mieszkają razem, ale żyją gdzieś obok siebie.

Albo taka prosta rzecz. Usiądź kiedyś w spokoju i zastanów się, co masz w sobie z ojca, matki albo innych osób z rodziny. I co widzisz? Może impulsywność odziedziczyłeś po ojcu, ojciec na tym dobrze nie wychodził, ty też i przez to jesteś nieznośnym partnerem? Może zrzędliwość po matce? No to teraz, jeżeli dostrzegasz, że to jest problem, musisz z tym coś zrobić. Cech charakteru się nie zmieni, ale można je stymulować i trochę kontrolować. Prochu nie wymyślimy – aby związek był udany, niezbędne są kompromisy, współpraca, dialog, rozmowa w codzienności.

Pięknie brzmi ta rozmowa w codzienności, tylko kiedy? Gdy się wraca o 20 z pracy i ma się ochotę tylko paść na fotel przed telewizorem?

No i to jest faktycznie poważny problem. Potrafię sobie wyobrazić życie w takim pośpiechu – ludzie, żyjąc ze sobą przez wiele lat, tak naprawdę mogą się w ogóle nie znać. Sam się nieraz łapię na tym, że teraz pracuję więcej, niż pracowałem kiedyś. Spójrzmy na dzień dzisiejszy: rano wizyta w szpitalu, teraz nagrywam z panią naszą rozmowę, potem jadę na uczelnię, później znów do szpitala, wieczorem przyjmuję pacjentów w moim gabinecie. Wracam do domu po 21, otwieram pocztę w komputerze, odpisuję na maile, kolacja, kładę się spać o 24, wstaję rano o 6 i znów to samo. Wielu ludzi tak żyje. Kiedy znaleźć czas na refleksję, rozmowę? Najczęściej będzie to krótkie sprawozdanie z dzisiejszego dnia, taki teleekspres małżeński. Krótki przegląd informacji, co się dzisiaj działo.

Jak uniknąć teleekspresu małżeńskiego?

Nie trzeba go całkiem unikać, bo on też ma znaczenie, przekazanie sobie w skrócie, co się dzisiaj działo, też jest ważne dla relacji. Trzeba jednak znaleźć równowagę między teleekspresem a pogłębioną rozmową, podczas której zapytamy drugą osobę, co przeżywa, czy ma jakiś problem w pracy, czy dzieci mają jakieś problemy. Może być na przykład tak, że razem oglądamy film i potem o nim rozmawiamy. Niedawno byłem świadkiem rozmowy na temat filmu *Ida*. Przy stole w czasie towarzyskiego spotkania siedziało kilka wieloletnich małżeństw. Wreszcie nadarzyła się okazja, by podyskutować. I nagle się okazało, że oni byli zaskoczeni poglądami swoich współmałżonków.

„Nie wiedziałam, że jesteś antysemitą".

Otóż to! Pełne zaskoczenie odbiorem filmu – od hurrapatriotycznych reakcji po antyklerykalne. No, przepraszam bardzo, jeśli iks lat jestem z daną osobą, to mnie nie powinny jej sądy dziwić, prawda? Skąd więc to zaskoczenie? Bo nie mieli dotąd czasu rozmawiać o sprawach niezwiązanych z codzienną krzątaniną.

No tak, tylko co z tym zrobić?

Parom, które żyją w takim pośpiechu, radziłbym, żeby zrobiły sobie rekolekcje, ale nie religijne, tylko takie partnerskie. Polegające na byciu jedynie we dwoje. Niech raz w miesiącu dzieci odstawią do babci, pojadą sobie do jakiegoś zacisza, do hoteliku położonego w lesie i tam, gdzie nie ma w pobliżu cywilizacji, niech ze sobą pobędą, pogadają po prostu. Wystarczy dzień, dwa. Ba – jak nie stać nas na wyjazd, posiedźmy w weekend w domu, ale przy wyłączonym telefonie, telewizorze, komputerze. Razem, we dwójkę, leniwie. Dlaczego to jest ważne? Bo podczas takich rekolekcji można wreszcie wiele rzeczy sobie wyjaśnić, opowiedzieć o swoich odczuciach, odkryć partnera na nowo, docenić wartość bycia razem, porozmawiać. Nawet zwyczajne wspólne obejrzenie zdjęć z wakacji przywołuje miłe wspomnienia.

W dobrym związku nie musi się ciągle coś dziać. A to wypad do kina, a to kolacja ze znajomymi, a to koncert w klubie. Najpierw praca, potem rozrywki towarzyskie, powrót do domu, seks, dobranoc, no i faktycznie lecą tygodnie – i żadnej rozmowy. Czyli tworzymy związek, ale tak naprawdę znajomość między nami jest tylko częściowa. Ileż to razy byłem w gabinecie świadkiem, kiedy partnerzy nie kryli zaskoczenia: „Ooo, nie wiedziałam, że to ciebie w ogóle interesuje?!".

Taka utrwalona sytuacja prowadzi często do tego, że pewnej nocy ona czy on leży w łóżku, nie może zasnąć i myśli sobie: „To nie tak miało być, nasz związek jest jakiś taki naskórkowy, powierzchowny". I nagle, bez żadnych trzęsień ziemi, bez dramatycznych wydarzeń ma się poczucie dyskomfortu. A wystarczy chociaż raz w tygodniu zrobić sobie takie święto przyjacielskiej rozmowy we dwoje. W ten sposób można zbudować wspólny świat, który jednoczy.

Czyli przyjacielska relacja, kiedy na chwilę wychodzimy z ról żona-mąż, rodzic-rodzic czy kochanek-kochanka i gadamy sobie jako ta fajna babka, przyjaciółka tego fajnego faceta, który siedzi obok mnie.

Typowe role należy zostawić na boku i niespiesznie rozmawiać jak dwoje przyjaciół, może przy lampce wina czy koniaku, o różnych życiowych sprawach, o tym, co się zebrało przez cały tydzień, ale też np. o zaniepokojeniu sytuacją na Ukrainie. Ważne, żeby takie rozmowy stały się zwyczajem – co tydzień mamy dla siebie i tylko dla siebie popołudnie czy wieczór, to nasze święto, chociaż bez żadnych fajerwerków.

Taką przyjacielską relację w związku powinniśmy budować od początku, bo trzeba przewidywać różne niespodzianki. Na przykład partnerka zmienia się fizycznie – biust już nie taki, tu i ówdzie ciała przybyło. Pytanie ważne dla związku: czy tylko jej uroda jest fundamentem? A jeżeli jej atrakcyjność przeminie, to co? Dlatego ważne, żeby poza walorem atrakcyjności znaleźć jeszcze inny. Jednym z nich jest właśnie przyjaźń, bo taniec godowy się kończy, uroda może minąć, ale przyjaźń przetrwa. A ostrzegam, że mężczyźni nie są przygotowani na starzenie się partnerki. Nie przewidują, że cellulit, że zmarszczki, że figura... Niby teoretycznie wiedzą, że takie rzeczy się dzieją, ale na początku związku nie są sobie w stanie tego wyobrazić. Owszem, istnieją tacy, którym starzenie się żony nie przeszkadza. Bywa tak w bogatej miłości – oni nie rejestrują starzenia się partnerki. Jest nawet taki fenomen, że widzą ją ciągle taką jak wtedy, gdy była ładna i młoda. Ale częściej zdarza się tak, że tam, gdzie przyjaźni nie ma, związek się rozpada, bo uleciało pożądanie do jej cielesności i nic już nie zostało.

Kiedyś na babskim spotkaniu jedna z moich koleżanek zaczęła narzekać na

męża, że jeszcze kilka lat temu był ambitny, a teraz wszystko odpuścił. Ona przeciwnie – wciąż biega po jakichś kursach, szkoli się i sprawia jej to frajdę.

O, świetny przykład, bardzo często spotykam się z tym problemem. I słyszę modne słowo: samorealizacja. Ale to ma znowu wiele znaczeń. Zajmijmy się najpierw przypadkiem, gdy jest to prawdziwa samorealizacja. Kiedyś się wspierali intelektualnie, rozwijali razem, a teraz ona idzie w dalszym ciągu naprzód, a on się zatrzymał. Pracują na przykład na uczelni, ona zrobiła doktorat, idzie w stronę habilitacji, a jemu bycie magistrem wystarczy, nie ma ambicji. W związku z tym można zrozumieć, że ona jest zaniepokojona, że coraz mniej mają wspólnego, i to ją rozczarowuje. Ale samorealizacja może być również słowem wytrychem. Ona przeczytała jakiś artykuł w prasie na temat samorealizacji i wszystko jej się nagle przestawiło. Samorealizacja może mieć jeszcze inny wymiar. Oboje pracują, ale ona w takiej firmie, gdzie kontaktuje się z wieloma osobami. Dzięki temu ma poczucie, że w jej życiu dużo ciekawego się dzieje. I w świetle tych doświadczeń partner wydaje się jej nudny, bo nie dorównuje ludziom, z którymi ona przebywa na co dzień. Następuje zmiana perspektywy i partner traci w jej oczach.

Samorealizacją może być również bunt. Kobieta myśli: „Muszę się wyrwać z tego związku, żeby się samorealizować, bo ogarnia mnie stagnacja". Wtedy najczęściej późno wraca do domu, bo na przykład działa w jakimś wolontariacie albo studiuje zaocznie, zdobywa wiedzę tylko dla własnej satysfakcji. Wtedy faktycznie w takiej parze jedno zaczyna iść swoją drogą samorealizacji. To może być również formą radzenia sobie z dystansem uczuciowym. Kiedy nie można porozumieć się z partnerem, jedno z nich zdobywa nowe kwalifikacje, rozwija zainteresowania, zajmuje się własnym rozwojem duchowym i niestety, czasem to jeszcze bardziej zwiększa dystans między partnerami. Jedna ze znanych mi par rozpadła się właśnie dlatego, że kiedy dopadł ich kryzys, ona rozpoczęła studia psychologiczne. Po dwóch latach poczuła się tak mocno wtajemniczona w arkana wiedzy psychologicznej, że starała się terapeutyzować swojego męża. On jednak nie wytrzymał prób psychoanalizy, jakie na nim przeprowadzała. Związek się rozpadł. Nie zawsze jednak tak bywa: czasami samorozwój poprawia samopoczucie, czasami pozwala przetrwać w trudnym związku lub otwiera na nowe rozwiązania, co pomaga związkowi się utrzymać.

Dziś częściej to kobieta idzie do przodu, a facet zostaje w tyle?

W zasadzie tak. To nie przypadek, że daję przykłady z kobietami. Ambicje w samorealizacji dziś są częściej spotykane u kobiet. Są bardziej nastawione na rozwój, więcej czytają, częściej studiują. Nie tylko dlatego, że w pracy potrzebny jest papierek. Dla siebie. I często, jeżeli trafiają do mnie, to z oczekiwaniem, że zmobilizuję ich partnerów do samorealizacji, tchnę w nich ambicje.

To dobry sposób, żeby uratować taki związek?

W większości przypadków niezły, bo partner zyskuje dwie rzeczy. Zdobędzie wiedzę, a jednocześnie uratuje związek. Pod warunkiem że nie będzie się to odbywało na zasadzie przystawiania do głowy pistoletu.

Ale jest jeszcze inne wyjście. Znam takie małżeństwo, w którym żona ukryła przed mężem fakt skończenia studiów. Dla dobra związku. On do dzisiaj o tym nie wie. W tym związku obowiązuje jasny podział ról: on pracuje, a ona zajmuje się domem. Mają trójkę dzieci, ale ona chciała czegoś więcej i studiowała zaocznie. Byłem nawet jej promotorem.

Potępiać ją czy chwalić za ukrywanie się?

Ja ją chwalę, bo potrafiła pogodzić obowiązki żony, matki i studentki. Nie mogę jej krytykować za to, że chciała utrzymać małżeństwo. Tym bardziej że o swoim mężu mówi w superlatywach. Pracuje, jest dobrym ojcem, ale wyznaje określone poglądy na temat tego, czym powinna zajmować się w życiu kobieta. Nie pozwoliłby jej studiować. Ma jednak dużo zalet i ona właśnie dla nich z nim jest.

Zrealizowana.

Tak, nawet myśli o studiach podyplomowych.

Trochę smutno, że nie mogła się z nim podzielić swoją radością.

No cóż: satysfakcja ograniczona. Ale czyż nie jest lepsza taka niż jej brak?

Rozczarowanie – kolejny powszechny problem wielu związków. Od drobnych rozczarowań po generalne. To musi nadejść czy można tego uniknąć?

Zależy o jakiej skali będziemy rozmawiać. Te drobne rozczarowania są raczej nieuchronne. A te większe, no cóż – sami na nie pracujemy. Podam pani przykład z ostatnich tygodni. Przychodzi do mnie pacjentka z totalną krytyką partnera na ustach. Czuje się rozczarowana nim pod każdym względem, nieusatysfakcjonowana, również seksem. Jej partner nagle stał się mało męski, stracił dla niej atrakcyjność, no po prostu taka ciapa. Właściwie tak to wyglądało, że przyszła do mnie w jednym celu: żebym pomógł jej w usprawiedliwieniu decyzji o odejściu. Chciała się rozstać, a ode mnie oczekiwała potakującego kiwnięcia głową. Wszystkiego wysłuchałem i pytam: „Skoro pani lubi męskich mężczyzn, to dlaczego się pani z nim związała?". „No bo go pokochałam" – odpowiada. „A jaki on wtedy był?" – dopytuję. „Męski, bardzo męski" – mówi. „Poproszę o przykłady" – drążę dalej. Podała kilka przykładów jego męskich zachowań. „To dlaczego teraz jest taki niemęski? Co się stało?". No i tak od zdania do zdania okazało się, że gdy urodziło im się dziecko, mąż wziął na siebie opiekę nad nim. Ona ma dobrze prosperującą firmę, a on pracował na uczelni, dostawał 2800 na rękę, podczas gdy ona zarabia tyle w pięć dni. W miarę jak rozmawialiśmy, zaczęło do niej docierać, że ta jego metamorfoza wiąże się ze zmianą roli. Nie jest taki z natury, tylko zmiana roli w związku trochę inaczej go ukierunkowała. Przyzna pani, że trudno być męskim przy niemowlaku? W czym ta męskość ma się niby wyrażać, że szybciej się zmieni pieluchę? Trochę ją olśniło. Podczas drugiej wizyty poprosiłem, żeby jej mąż także do mnie przyjechał.

Razem wyglądali na szczęśliwą parę, zadowoleni, uśmiechnięci. Powiedziała, że po naszej rozmowie dużo zrozumiała, że zmieniła zdanie o mężu, lepiej zaczęło być też z seksem.

Gdzie tkwił błąd w jej myśleniu?

Zaczęła postrzegać go w kategoriach tu i teraz jako zniewieściałego kuchtę. A przecież do tej metamorfozy także ona się przyczyniła. Po naszej rozmowie zrozumiała, że w rzeczywistości on nie zniewieściał, że nastąpiła tylko pewna tymczasowość związana z nową rolą rodzinną, społeczną.

Zresztą rozczarowań jest całe mnóstwo. Często ich przyczyną jest zachowanie partnera/partnerki w stosunku do własnej rodziny: matki, ojca, rodzeństwa. Druga strona oczekuje, że będzie najważniejsza na świecie, a często musi jednak konkurować z rodziną partnera. Przeważnie to synowe mają na pieńku z teściowymi i w sytuacjach konfliktowych zarzucają partnerowi, że staje po stronie matki, zamiast bezwzględnie przyznawać rację swojej kobiecie. On z kolei jest rozczarowany tym, że ona wciąż się nie odpępniła od swojej matki, że panie rozmawiają ze sobą codziennie kilka razy przez telefon, a matka nadal ma na nią ogromny wpływ. Albo: ona pomaga swojemu bratu utracjuszowi, wydając na niego pieniądze ze wspólnego budżetu.

Dość powszechne jest też rozczarowanie zmieniającym się wyglądem zewnętrznym, na przykład kobieta się zaniedbała. A on z kolei wyłysiał, przytył, chodzi w gaciach po domu. On jest rozczarowany, że ją interesują tylko dzieci. Ona z kolei jest rozczarowana tym, że jego kręcą tylko praca i firma. Albo kumple – i nic więcej. I tak moglibyśmy mnożyć i mnożyć...

Jak sobie radzić z rozczarowaniem?

Z niektórymi bardzo łatwo, prawie od ręki, podczas jednej sesji terapeutycznej. Jeśli on chodzi w kalesonach po domu, to niech założy spodnie i codziennie się rano ogoli. Proste. Jeśli ona telefonuje trzy razy dziennie do mamusi, to może przecież zadzwonić tylko raz. Tu ustępstwo, tam ustępstwo – i jest OK.

Czy problemu kalesonów ludzie naprawdę nie mogą rozwiązać sami, tylko muszą korzystać z pomocy terapeuty?

Mogą oczywiście, ale tu działa pewien psychologiczny mechanizm. Otóż przeważnie mężczyzna ma przekonanie, że partnerka zwyczajnie się czepia, że przesadza, cóż jej przeszkadzają te kalesony? Przecież w domu mam prawo czuć się swobodnie. Czyli minimalizuje problem. I mimo że ona niejednokrotnie wyraża niezadowolenie z tego powodu, po nim to spływa – dla niego żona po prostu znowu zrzędzi. Skoro ona jednak rozmawia na ten temat z terapeutą, do świadomości mężczyzny dociera wreszcie, że to ważna sprawa. Barierę stanowią jego egocentryzm, skupienie się na sobie, poczucie, że wszystko, co ja robię, robię właściwie, a druga strona jest pełna wad.

A tymczasem, i to jest bardzo ważne we wspólnym pożyciu, bez względu na to, co się dzieje między partnerami, należy mieć głębokie przeświadczenie, że nasz partner/partnerka ma – owszem – wady, ale też zalety. Zawsze powtarzam: skoncentruj się teraz na jego/jej zaletach. Dlatego wielu parom będącym na terapii robię inwentarz cech, czyli proszę o wyliczenie, jakie partner/partnerka ma wady i zalety. W momencie kryzysowym radzę: „W tej chwili widzisz swojego męża/żonę tylko przez pryzmat negatywnych cech. Popatrz z perspektywy zalet. Może jest wybuchowy, ale za to świetnie sprząta. Zarabia mniej niż ty? Ale wspaniale opiekuje się dziećmi". To jest sprawa tylko pewnego treningu, wyrobienia. Możemy oczywiście roztrząsać w nieskończoność, jaki jest podły, odtwarzać jedynie tę negatywną cechę i rozpatrywać wszystkie wydarzenia z przeszłości, co tylko potwierdzi nasze oskarżenie – ale to do niczego nie prowadzi. Dlatego trzeba wciąż mieć świadomość zalet drugiej osoby. Może i jest egoistyczny, częściej myśli o sobie, ale...

...ale za to nigdy nie zapomina o rocznicy ślubu...

No chociażby. I bardzo kocha dzieci, i ludzie go lubią za poczucie humoru.

Czy nie jest też tak, że rozczarowania biorą się z za bardzo wyśrubowanych oczekiwań? Ostatnio trafiłam na badania, według których aż 84 proc. Polek uważa, że kobiety i mężczyźni powinni żyć w związku partnerskim i równo się dzielić obowiązkami, przy czym mężczyzna powinien zarabiać więcej.

No tak, i właśnie fundują sobie nieuchronne rozczarowanie. W ogóle wymagania kobiet są większe w porównaniu z wymaganiami mężczyzn, dlatego częściej zawiedzione są kobiety. Według nich mężczyzna powinien być partnerem, powinien więcej zarabiać, być czuły, wrażliwy, delikatny, pomagać w domu, dobrze gotować, ładnie tańczyć, być dobrym ojcem i świetnym kochankiem. No, nie każdy jest takim renesansowym mężczyzną, mężczyzna wszechstronny to naprawdę rzadki okaz. W którejś roli będzie kulał. No więc w takim razie trzeba się zdecydować, czy chce się mieć mężczyznę, który zapewni o wiele wyższy standard życia, czy bardziej dobrego ojca i czułego męża, czy też po prostu eksperymentatora w łóżku. Trzeba się zdecydować, bo wszystkiego mieć nie można. Typowy, wręcz statystyczny błąd kobiet polega na tym, że chcą mieć wszystko w jednej osobie.

A spróbujmy zawęzić oczekiwania. Pomyślmy: „Żyje mi się z nim dobrze, bo jest zaradny, wesoły, co roku wyjeżdżamy na fajną zagraniczną wycieczkę". On: „Jest mi z nią dobrze, bo jest operatywna, seksowna i nieźle gotuje". I niech to wystarczy do szczęścia. Bo oczekiwanie, że w związku będzie panować nieustanny dobrostan niczym w raju, prowadzi nieuchronnie do frustracji. Mam kiepską wiadomość dla państwa: życie nie może być ciągle przyjemne jak w filmach i serialach, przez które odnosi się wrażenie, że życie to balangi, jachty, szampan, same przyjemności. Ostatnio doszły też media społecznościowe, te wszystkie facebooki, gdzie wrzuca się fotki z wakacji, z imprezek, wszyscy uśmiechnięci, rozbawieni, śmieszne miny itd. No i pretensje gotowe: „Popatrz, wszyscy to ciągle gdzieś wyjeżdżają, bawią się, a my tylko siedzimy w domu". No tak, ale przecież oni też głównie siedzą w domu, na wakacje wyjeżdżają tak samo raz w roku, imprezują nie częściej – to tylko suma tych fotek i wpisów daje poczucie, że cały świat nieustannie się bawi, że życie jest jedną wielką imprezą. A nawet jeśli w tym utopijnie szczęśliwym życiu pojawi się dziecko, to jest to jedna wielka przyjemność, żadnych kłopotów, nieprzespanych nocy, chorób. W prawdziwym życiu tak nie jest: są chwile trudne, przykre i zwyczajnie nudne. Jak przychodzi rozczarowanie, to się zaczyna szukać szczęścia gdzie indziej. Można jednak zmądrzeć i powiedzieć sobie: „Moje oczekiwanie szczęścia było iluzją, życie jest inne" i – mimo że nie ma fajerwerków – da się w tym związku znaleźć wartościowe cechy. Można pomyśleć: „Chociaż nie żyję w raju, to w tym związku i tak jest bardzo wiele zalet".

Czyli szczęśliwi są ludzie, którzy...

...mają umiarkowane oczekiwania.

Dwanaście rad

Przed laty wyszła w Polsce książka A.H. Chapmana, w której daje on 12 rad przedmałżeńskich. Wciąż aktualnych.

Nie poślubiaj nikogo, kogo nie znasz dobrze przynajmniej od roku, w razie wątpliwości poczekaj dwa lata. Stare powiedzenie „żenić się szybko i żałować długo" stanowi klucz oglądanych często przez lekarza nieszczęść. Zakochanie może być trwałą podstawą małżeństwa, ale musi to być zakochanie, które przetrwa przynajmniej rok. Miłość od pierwszego wejrzenia może stanowić prawdziwą miłość, ale powinna mieć siłę przetrzymania powtarzającego się widoku ukochanej osoby podczas co najmniej rocznych częstych spotkań.

Przyjrzyj się dokładnie rodzinie przyszłego współmałżonka. Dobrze przystosowani, szczęśliwi ludzie mogą niekiedy pochodzić z nieodpowiednich środowisk, ale trzeba pamiętać, że osobowość narzeczonego uległa w znacznej mierze wpływowi atmosfery emocjonalnej i nastawień środowiska, w którym był wychowywany. Co więcej, w małżeństwie człowiek zyskuje nie tylko partnera, ale wielu nowych członków rodziny i niekiedy musi wśród nich egzystować. Trzeba znać wszystkie problemy istniejące między narzeczonym i jego rodziną. Jeśli przyszła teściowa jest bardzo władczą kobietą, trzeba wiedzieć, czy partner uwolnił się od jej panowania, czy wciąż jej ulega.

Nigdy nie poślubiaj kogoś, oczekując, że małżeństwo zmieni jego osobowość. Akt wzięcia ślubu nie uczyni osoby nieodpowiedzialnej odpowiedzialną, leniwej pracowitą lub osobnika niestałego stałym. Wiele nieszczęśliwych małżeństw zostało opartych na przypuszczeniu, że „on uspokoi się po ślubie". Małżeństwo wymagające intymnego interpersonalnego przystosowania się do wielu nowych odpowiedzialności raczej stworzy nowe problemy, niż rozwiąże dawne. Małżeństwo nie leczy alkoholizmu. Stany lękowe i rozrzutność również nie ulegają poprawie dzięki 20-minutowej ceremonii małżeńskiej.

Nie poślubiaj nikogo z myślą o nawróceniu go. Współmałżonkowie mogą sobie nawzajem pomagać w przejściu przez życie i wywierać na siebie nawzajem pewien pozytywny wpływ, ale nawrócenie na dobrą drogę i rozległa zmiana osobowości stanowią w małżeństwie niezdrowy cel.

Nie poślubiaj nikogo z litości. „Nie kochałam go, ale on mnie potrzebował, a mnie było go żal" – tego rodzaju litość często prowadzi do rozgoryczenia, a rozgoryczenie staje się z czasem nienawiścią. Małżeństwo powinno być oparte na rozsądnym szacunku i uczuciu, a nie litości zaprawionej pogardą.

Nie zawieraj nigdy małżeństwa dla uniknięcia pewnej sytuacji. Niekiedy nieszczęśliwa w domu rodziców młoda osoba używa małżeństwa jako środka wyjścia z domu rodzicielskiego. Młody mężczyzna z czepiającą się matką może ożenić się tylko dlatego, żeby od niej uciec do spodziewanej swobody we własnym domu.

Nigdy nie należy brać ślubu w przekonaniu, że seks w małżeństwie wzbudzi miłość i serdeczność tam, gdzie tych uczuć poprzednio nie było. Pożycie seksualne wymaga miłości i serdeczności, ale ich nie stwarza.

Nigdy nie pozwól nikomu namówić się do małżeństwa wbrew twemu zdaniu i na przekór twoim skłonnościom uczuciowym. Życzliwi krewni i wścibscy swaci poczytują sobie za zasługę namawiać ludzi do małżeństwa. Kierują nimi fałszywe przesłanki, jakoby samotne życie było klęską, a małżeństwo obowiązkowym szczęściem.

Nigdy nie zawieraj małżeństwa dla samych pieniędzy. Stare powiedzenie „nie można żyć z samej miłości" należy łączyć z ostrzeżeniem „same pieniądze małżeństwa nie utrzymają".

Jeżeli u progu małżeństwa wyraźnie poczujesz, że popełniasz omyłkę, nie bierz ślubu. Uniknęłoby się wielu nieszczęśliwych małżeństw, gdyby nie słowa zatroskanych rodziców: „Ależ, Małgosiu, zaproszenia już rozesłane, za późno na cofanie się". Nieprawda, cofać się można aż do chwili, kiedy on powie: „Chcę...".

Nie zawieraj małżeństwa wyłącznie dlatego, że chcesz być po ślubie. Wiele nieszczęść małżeńskich zaczyna się od tego, że „trzy koleżanki wychodziły ostatnio za mąż, a wszystkie moje przyjaciółki są już zamężne".

Bierz ślub z kimś, czyje towarzystwo ci odpowiada. Partnerzy powinni lubić ze sobą rozmawiać, przebywać ze sobą i dotykać się.

(Zbigniew Lew-Starowicz, „O mężczyźnie")

Rozdział V

Kto jest złym doradcą?

Zamieńmy się na chwilę rolami. Teraz ja panią o coś zapytam. Załóżmy hipotetycznie, że w pani związku dzieje się coś niedobrego. Do kogo zwraca się pani o radę w pierwszej kolejności?

Niech pomyślę... Zapewne do przyjaciółki.

Tak przypuszczałem i już się najeżyłem.

Nie rozumiem dlaczego?

Bo za dużo miałem w swoim gabinecie pacjentek, którym przyjaciółki zdemolowały życie. Zaraz to wyjaśnię. Rola przyjaciółek w rozpadzie związku to bardzo duża sprawa. I chciałbym być dobrze zrozumiany. Zacznijmy od tego, że istnieją różne kręgi przyjaźni i różne ich odziaływania. Idealny to taki, kiedy przyjaciółka rozumie, pożałuje, ale nie ingeruje. Ogranicza się tylko do wysłuchania. Wspaniale: zrzucamy z siebie negatywne emocje, doznajemy ulgi, możemy się wygadać, jesteśmy zrozumiani. Jeśli wszystko ogranicza się do tego poziomu, to jest fantastycznie. Taka rozmowa może ochronić przed chorobami, które wynikają z tłumienia negatywnych uczuć. Można uniknąć w ten sposób wielu chorób psychosomatycznych.

Druga grupa przyjaciółkowego wsparcia opiera się na dyskusjach. Robią burzę mózgów na temat tego, co się dzieje w ich związkach, swoich problemów z mężczyznami. Jedna radzi: „Może z tym facetem trzeba trochę porozmawiać", druga mówi: „Eee, to nic nie da". Ta, która szuka porady, dostrzega, że są zróżnicowane pomysły, dochodzi do wniosku, że relacje partnerskie mogą być rzeczywiście skomplikowane, widzi to na przykładzie swoich przyjaciółek. Świetnie. Zaczyna dobierać strategię optymalną dla siebie i swojego partnera. Ale nie daj Boże, jak się trafi na przyjaciółki, które dają zadanie domowe. Takie od razu oceniają, występują w roli prokuratorów, sędziów, psychoterapeutów i kreują w osobie zainteresowanej decyzje, jakie ma podjąć. Zwykle jest to decyzja, która z perspektywy może się okazać głupia, wręcz szkodliwa. I muszę powiedzieć, że głupich przyjaciółek i decyzji podjętych pod ich wpływem jest po prostu zatrzęsienie. Stąd moja obawa. Znam ogromną liczbę kobiet, które przegrały swoje życie przez przyjaciółki – te wszystkowiedzące domorosłe psychoterapeutki, które narzucały im konkretne zachowania.

Na przykład?

Wystaw mu walizki przed drzwi. Napisz pozew rozwodowy. Zdradź go, jeśli on tak postępuje. Weź pieniądze ze wspólnego konta i przenieś na swoje. Nie licz się z jego zdaniem. Rób mu na złość. Powiedz mu, że jest słaby w łóżku.

Przyznam szczerze: jestem czasem zaskoczony rozmiarem tego zjawiska. Oczywiście, w przypadku mężczyzn też się zdarza, że koledzy przedstawiają różne propozycje, ale nie są to dyrektywy. Ale jeśli przyjaciółka czy przyjaciel są opiniotwórczy, jeżeli człowiek ich szanuje i liczy się z ich zdaniem, to zdarza się, że jak żołnierz wykonuje ich polecenia. To zjawisko rośnie, na dodatek szkody sieje internet. Do tej pory grono przyjaciółek czy przyjaciół ograniczało się do osób, z którymi mieliśmy bezpośredni kontakt. Ale coraz częściej zdarza się, że kobieta wrzuca swój problem do internetu, a tam jest zatrzęsienie „przyjaciół" chętnych do radzenia. I zaczyna się galopada przeróżnych wskazówek. Często niemądrych, a niejednokrotnie szkodliwych. I to nie ze złej woli, tylko z braku kompetencji. Potrzeba radzenia innym jest wśród ludzi bardzo duża. Na zajęciach dla studentów psychologii mówię o pewnych metodach diagnostycznych i terapeutycznych. Zawsze wtedy zastrzegam, że są to metody profesjonalne, trzeba być specjalistą, by jest stosować. A i tak słyszę, że jedna lub druga studentka pomogła koleżance, bo ma w sobie ogromną chęć pomagania. Czyli: zajmuje się poradnictwem, nie mając do tego kwalifikacji. W sytuacji trudnej na ogół otwieramy się na rady innych. Mamy wtedy poczucie zagubienia, nie wiemy, jak postąpić, a do tego dochodzą emocje, które nie są dobrym doradcą. Można się zastanawiać: rozstać się czy nie rozstać? Przyjaciółki mogą w takim momencie przeważyć szalę. Znam wiele osób unieszczęśliwionych przez przyjaciół.

Poza tym trzeba pamiętać, że te przyjaciółki czy ci przyjaciele nie zawsze są altruistami, którzy chcą pomóc, bo mają empatię, rozumieją drugą osobę, bo także przeżyli coś podobnego. Najczęściej jest to projekcja własnych postaw, ten radzący wyobraża sobie, jak by się zachował w takiej sytuacji i co by zrobił. Siła tego obrazu jest tak wielka, że muszę się nim podzielić. I wskazać: najlepiej będzie, jak zrobisz to i to. A przecież jest to ingerencja w życie innych ludzi! Modne stało się to psychologizowanie, które jest wszędzie, dlatego łatwo się wchodzi w tę konwencję. Jesteśmy psychologami dla innych. Tym bardziej że to się wydaje takie łatwe. Nie odróżniamy rozmowy od doradztwa, poradnictwa i psychoterapii. Dlatego taka rozmowa, podczas której od razu interpretuje się zachowania i daje rady, nieraz traktowana jest jako psychoterapia, a psychoterapią nie jest.

Może także wystąpić inna konfiguracja. W gronie towarzyskim zdarza się, że ktoś zazdrości innym szczęśliwego związku. Albo kobieta przyjaciółka bardzo podoba się mężczyźnie przyjacielowi, a kryzys w jej związku może być wykorzystany do załatwienia jego potrzeb. Zniszczy relację, bo im zazdrości, albo przechwyci tę osobę dla siebie, do romansu. Spotkałem się z tym wielokrotnie. Czasami trudno odróżnić przyjaźń fałszywą od prawdziwej. A rady fałszywych przyjaciół rozbiły niejeden związek.

Ale przecież świat nie składa się z samych fałszywych przyjaciół!

Ależ oczywiście, ja tylko zwracam uwagę, że i tacy się pojawiają, i nie bądźmy naiwni, że wszyscy wokół nas dobrze nam życzą. Dobry przyjaciel, owszem, może okazać zrozumienie, ale nie powinien wkraczać ze swoimi osobistymi poglądami. Powinien pomóc w rozwiązaniu problemu. Powiedzieć: „Porozmawiajcie ze specjalistą" albo: „Spróbujcie załatwić konflikt w rodzinie". Nie pcha się, nie angażuje w to własnych emocji.

A takie zdanie przyjaciółki: „Widzę, że jesteś w tym związku nieszczęśliwa".

Fatalne. Złe. Ale może być jeszcze gorzej. Przyjaciółki potrafią nawet przyjmować rolę detektywów, sprawdzają wierność mężczyzny, śledzą go. Albo nawet udają podryw, żeby prowokować. Potem mówią: „Widzisz, umówił się ze mną wieczorem w kawiarni. Masz dowód zdrady".

Przecież robią to z dobrej woli. Chcą pomóc...

Tak pani sądzi? A ja uważam, że robią to dla dreszczyku emocji i taniej sensacji, a nie z powodu faktycznej chęci pomocy. Zasada jest nienaruszalna: nie powinniśmy sprawdzać, śledzić. Nie ingerujemy w życie przyjaciół. I co więcej – składanie takich propozycji przyjaciołom uważam za niewłaściwe.

A jeśli ja, jako przyjaciółka, widzę, że w tym związku jest fatalnie, że ona jest nieszczęśliwa, to jak mam się zachować?

Może być tak, że bliska osoba, z którą jesteśmy zaprzyjaźnieni, brnie w destrukcję. Wtedy w imię przyjaźni można powiedzieć: „Wydaje mi się, że coś złego się dzieje, chudniesz, coraz gorzej wyglądasz, jesteś nerwowa". Czyli jako przyjaciel obiektywizuję sytuację. Jestem świadkiem, że bliska mi osoba przeżywa coś, co bardzo negatywnie na nią wpływa. Można jej powiedzieć: „Spróbuj porozmawiać ze specjalistą, poradź się, trzeba coś z tym zrobić". Dobry przyjaciel mobilizuje do działania, ale w optymalnych, bezpiecznych warunkach, czyli na przykład z udziałem specjalisty terapeuty. To jest uczciwa przyjaźń. Jeśli skorzysta z takiej rady, mamy czyste sumienie, że zareagowaliśmy i nie zaszkodziliśmy. A jeśli nie, możemy ponawiać swoje prośby do skutku. Ale nie dajemy od razu gotowego rozwiązania typu: „Wyrzuć go".

W filmie *Smażone zielone pomidory* przyjaciółka pomogła przyjaciółce, wyciągając ją z domu i ratując przed agresywnym mężem. Czy to jest działanie uprawnione?

Tak. W skrajnych sytuacjach ingerencja jest uzasadniona, jeżeli istnieje podejrzenie bicia, agresji, przemocy. Znam przypadek, kiedy wkroczył przyjaciel i dał mężowi w dziób za to, że źle traktuje swoją żonę. I w tej konkretnej sytuacji dobrze zrobił. Albo załóżmy, że mąż pani przyjaciółki wprowadza do domu kochankę. Przyjaciółka cierpi, że coś takiego się dzieje – wtedy można z tym mężem porozmawiać. Ale nie na zasadzie natychmiastowego potępienia. Trzeba wyrazić jasno swoje stanowisko: „Uważam, że twoje zachowanie jest nie w porządku". Można wyrazić dezaprobatę, ale nie mówimy żonie od razu: „Rozwiedź się z nim" albo: „Twój mąż jest erotomanem".

A kiedy widzimy na mieście męża swojej koleżanki z dziewczyną, którą czule obejmuje i całuje?

To zależy od tego, jaką mamy wiedzę o tym, co się w tym związku dzieje. Rozumiem, że ma pani od razu gotowy scenariusz w głowie, że przyjaciółka jest oszukiwana przez faceta i jest tego nieświadoma. Ja bym najpierw z nim porozmawiał.

A gdyby się wyparł?

To bym powiedział: „Widziałem cię". Wówczas otrzymuje komunikat, że jest ktoś, komu w imię przyjaźni zależy, żeby relacje, w które wchodzi, były jasne. On może wtedy powiedzieć, że na przykład to jego stara przyjaciółka, z którą się spotkał po latach i to nic nie znaczy. Może to być prawda, może nie. Ale jeśli to nie jest prawda, to dostał komunikat i musi się zastanowić, co dalej.

Ale ja wiem, że on ma romans. Spotykam się z jego żoną, moją przyjaciółką – i co? Milczeć?

Musimy się liczyć z konsekwencjami, jakie to będzie miało dla tego związku, i pomyśleć, jak może zachować się wtedy przyjaciółka. Jeśli ona jest bardzo impulsywna, to zareaguje w sposób nieprzemyślany: jemu wystawi walizki, tamtej wydrapie oczy. No i co? Pani się do tego przyczyniła. Może się też tak zdarzyć jak w serialu *Czterdziestolatek*, że przyjaciółka będzie miała to pani za złe, bo np. ona nie chce wiedzieć o zdradzie. Bo zaakceptowała sytuację, że mąż jest typem romansującym. „To by potrwało i się skończyło, a nasze małżeństwo by przetrwało. A ty żeś wszystko zepsuła" – można wtedy usłyszeć takie gorzkie słowa. Nie ma tutaj jednego klucza. Można powiedzieć: „Czy ty się nie zastanawiałaś, czy twój mąż nie ma czasem romansu, bo u mężczyzn to jest typowe". Daje pani tym samym komunikat i ona się może zastanowić, czy rzeczywiście tak jest. I wtedy ona sama ten romans odkryje. Ale – jak podkreślam – należy tutaj działać bardzo ostrożnie. Możemy rozbić związek. Może być dobrze, że ten związek się rozleciał, ale równie dobrze możemy być obwiniani o rozpad tego związku.

A w przypadku, kiedy mąż mojej przyjaciółki wyraźnie mnie podrywa? Udawać, że tego nie zauważam, czy powiedzieć, że widzę tę grę i sobie jej nie życzę?

Oczywiście powiedzieć, na przykład: „Stary, widzę, że mnie uwodzisz", ale nie biec od razu do żony ze skargą. Takie podrywy są często spotykane. W końcu monogamia to wybór moralny, a nie fakt biologiczny. Bywa, że w gronie przyjaciół ludzie mogą się sobie podobać. Bywa nawet tak, że w gronie przyjaciół małżonkowie zamieniają się partnerami. Jeśli za obustronną zgodą – nie ma problemu.

Od pewnego terapeuty usłyszałam, że nie powinno się opowiadać na zewnątrz o swoich problemach w związku. Uważał, że każde mówienie źle osłabia związek jeszcze bardziej, zabiera mu szczęście.

Nie zgadzam się z tym. Powiedzmy, że w związku zaistniał konflikt, doszło do kłótni, nastąpiły ciche dni, każdy z partnerów przeżywa je samotnie. I jeśli ktoś chce to z siebie wyrzucić, to dlaczego nie może zrobić tego z przyjacielem? Co więcej – mądry przyjaciel powie wtedy: „No słuchaj, ale on/ona nie jest taki(a) zły(a), przejdzie wam, będzie lepiej".

Jako przyjaciele powinniśmy dążyć do wyciszenia emocji?

Tak. Oraz mobilizować do pogodzenia i porozmawiania na ten temat. Wtedy spełniamy dobrą rolę, prawie terapeutyczną. Jak umiarkowani spowiednicy.

A co z rodziną?

Też niełatwa sprawa. I znowu – jak z przyjaciółkami – bywają oczywiście mądrzy rodzice, świetni teściowie, i pewnie jest ich więcej. Ale bywa i odwrotnie. Zamiast pomóc w kłopotach, sami je wywołują. Rodzice potrafią np. bardzo skutecznie dyskredytować partnera swojego dziecka, stale i konsekwentnie podkopywać jego autorytet, boleśnie krytykować. Nieraz widziałem kobietę, której matka dzień po dniu sączyła do ucha: „Spójrz na kolegów twego męża, dokąd doszli, co osiągnęli. A on, co sobą reprezentuje?". Córka usłyszy to raz, drugi, piąty, wreszcie zacznie się zastanawiać: no właśnie, co on w życiu osiągnął?

Destrukcyjne dla związku będzie też pielęgnowanie pępowiny rodzic-dziecko, podtrzymywanie psychicznego uzależnienia. Albo sytuacja, gdy współmałżonek – najczęściej chodzi o męża – nie dorasta do pięt tatusiowi żony. Kobieta cały czas porównuje go ze swoim ojcem, w którego jest wpatrzona. I to porównanie rzadko wypada na korzyść jej mężczyzny.

Są wreszcie rodzice, którzy przez niechęć czy zazdrość świadomie rozbijają związek swego dziecka, imając się wszelkich sposobów.

W takich rodzinach do głosu dochodzą rozmaite emocje: rodzice uważają, że przez niego utracili władzę nad córką albo że jej wybranek jest zbyt niezależny, albo po prostu nie pasuje im jego typ. Dlatego każdą informację o kłopotach w związku wykorzystają skwapliwie do podsycenia konfliktu, a nie jego wyciszenia.

Kłopotem dla zbudowania dobrego związku może być matka kobiety. Matki bardzo często wpajają córkom negatywny obraz mężczyzny, kreują lęk lub pogardę wobec mężczyzn. Na głos przy córce utyskują: „Po co ja się związałam z twoim ojcem!" albo – jeszcze gorzej – wspominają przy córce, że były zdradzane. Takie zwierzenia niczemu nie służą, a podważają więź córki z ojcem i co za tym idzie – nastawiają nieufnie do mężczyzn w ogóle. Bardzo często dziewczyna opuszcza dom z przekonaniem, że mężczyznom chodzi o jedno, czyli seks. Trudno z obciążeniem takim stereotypem zbudować normalną więź. W wielu terapiach pojawia się postać toksycznej matki. Toksycznej również wobec synów. Tu z kolei pojawia się zaborczość. Matka rzadko uznaje, że syn znalazł sobie taką kobietę, jaka na niego zasługuje. Wyznacznikiem udanego związku synka będzie to, czy ona dostatecznie o niego dba. Znałem przypadek teściowej, która objeżdżała synową za to, że wykańcza partnera seksualnie, że za bardzo go eksploatuje w łóżku i on mizernieje w oczach.

W ogóle konflikt dwóch kobiet może iść na noże, bo dotyczy gniazdowości, czyli tego, co mężczyźni uważają za błahostki. Dla kobiet to nie są błahostki, tylko istotne sprawy ingerujące w porządek w ich gnieździe: nie taki talerz, nie tu odłożona łyżka, nie tak rozwieszone pranie, nieposprzątana łazienka – i konflikt gotowy. Konflikty między kobietami są w jakimś sensie gorsze właśnie przez to, że dotyczą drobiazgów. A życie składa się z drobiazgów. Tak więc zbyt bliska obecność rodziców pary może rodzić niezwykle zapalne sytuacje. I mogą one doprowadzić do rozpadu zupełnie udanego związku.

Stereotypy

Istnieje kilka stereotypowych męskich reakcji, budzących w kobietach irytację. Na przykład kobieta jest przekonana, że on nie słucha, co do niego mówi. A to nie jest takie proste i polega na percepcji treści. Jeżeli sprawa go zainteresuje – na pewno posłucha. Jeżeli nie słucha, to znaczy, że albo jest to tzw. babskie gadanie, które go wcale nie interesuje, albo kobieta mówi do niego to, czego on nie chce usłyszeć. Klasyczny przykład: partnerka, która postępuje wychowawczo i poucza, co i jak powinien robić. On zawsze będzie udawał, że nie słyszy, bo ma już tego serdecznie dosyć.

Kolejny stereotyp: oni uważają, że wszystkie kobiety są głupsze od mężczyzn. To stereotyp, dzięki któremu mężczyźni poprawiają sobie samopoczucie. Z której strony by na to spojrzeć, istnieje opozycyjność między płciami, mają one różne, czasami sprzeczne z sobą interesy. Jak już nieraz podkreślałem, płeć kobieca jest płcią zwycięską w ewolucji. Jeśli mężczyzna będzie ostentacyjnie podkreślał kobiecą głupotę, to wyrówna swój deficyt poznawczy.

Dlaczego jest bałaganiarzem i zawsze rozrzuca skarpetki po mieszkaniu – to klasyka narzekania. A najczęstsza przyczyna jest prosta: bo został źle wychowany w domu przez mamę. Jeżeli w związku dochodzi do wojny na tym tle, to zawsze radzę: niech w jego pokoju panują tylko jego zasady – chaos i nieporządek. I niech kobieta do tego pokoju w ogóle nie wchodzi. Można pogodzić te dwa światy, czyli bałaganiarstwa i pedanterii, ale trzeba je rozgraniczyć – to jest mój rewir i ja za niego odpowiadam, a ty masz swój i tam działaj. Bywają mężczyźni pedanci i to rozwiązanie także zobowiązuje, tyle że na odwrót. Zawsze jest tak, że osoba dominująca charakterologicznie narzuca swój styl i życie domowe toczy się według jej schematu. Jeżeli pedant ma silniejszą osobowość, a drugiej osobie bardziej na nim zależy, to druga strona będzie się podciągać, żeby dogonić pierwszą. Innym przypadkiem jest walka o władzę: ja jestem bałaganiarzem, ty każesz mi sprzątać, ale pokażę ci, że nic z tego. Jeżeli rzeczywiście mamy do czynienia z walką, to faktycznie nic z tego nie wyniknie. Oprócz ciągłych konfliktów.

On nienawidzi chodzić ze mną na zakupy – słyszę często w gabinecie takie narzekanie. Zależy na jakie. Jeżeli miałby iść po samochód lub najnowszy komputer – szybko by się zmobilizował. Chętnie pójdzie po to, co go kręci: gry komputerowe, krawaty, sprzęt do wspinania, książki. A jeżeli kobieta chce, aby mężczyzna poszedł z nią kupować sweterek, to przy pierwszym obejrzanym powie: „Bardzo ładnie wyglądasz, bierz i idziemy". Nie zmuszajmy go, żeby lubił takie zakupy.

Kobiety są powszechnie przekonane, że „on nie lubi moich przyjaciółek". A to nie tak. Jeżeli są to przyjaciółki atrakcyjne i podobające się mężczyznom, to bardzo je polubi. Bardzo! Będzie dążył do spotkań, do wspólnego spędzania czasu, pobiegnie po zakupy na przyjęcie i z wielką przyjemnością doleje wina do kieliszków. Jeżeli on nie reaguje na przyjaciółki, to albo mu się one nie podobają jako kobiety, albo uważa, że to jest swego rodzaju klub kobiecy, do którego on nie ma wstępu i z obrad którego nic nie wynika.

(Zbigniew Lew-Starowicz, „O mężczyźnie")

Rozdział VI

Jak ożywić rutynę w seksie?

Przyzwyczaili się do siebie, znają na pamięć swoje upodobania i przebieg gry miłosnej. Są świetnymi kumplami, mogą na siebie liczyć. Mają poczucie bezpieczeństwa w związku, tylko że gdzieś ulatuje namiętność...

Jeśli już przeczuwają, że coś takiego nadchodzi, to chociażby niech obejrzą wspólnie film erotyczny. To może zadziałać na oboje partnerów. Do niedawna dominował pogląd, że pornografia wyłącznie podnieca mężczyzn z powodu ich większej wrażliwości na bodźce wzrokowe. Niewiele uwagi poświęcano wpływowi pornografii na kobiety. Uważano, że większość z nich unika pornografii, bo są słuchowcami i obrazy nie mają dla nich większego znaczenia. Podniecająco za to działają na kobiety sceny erotyczne, w których pokazane są zaloty, uwodzenie, pieszczoty i relacje między partnerami. Jednak okazało się, że seksualność kobiet jest bardziej złożona, niż się wydawało, i na wiele z nich oglądanie razem z partnerem pornografii działa podniecająco, inne chętnie ją oglądają w trakcie masturbowania się. Większość jednak zgodnie stwierdza, że woli oglądać fabułę, w której pornografia jest jej częścią. Więc niech to będzie tego typu film.

Co według pana jest takim momentem, który daje sygnał: oj, coś z nami jest nie tak?

Poczucie, że wolę robić coś innego, niż kochać się ze swoim partnerem czy partnerką, to sygnał, że trzeba reagować. Przypomina mi się para, która co jakiś czas sobie razem podróżuje, bo noc w hotelu wyzwala w nich namiętność. Inność sytuacji, brak rutyny to znakomite afrodyzjaki. Ale pewnego dnia ona zauważyła, że partner zamiast się na nią rzucić, włączył telewizor i zaczął oglądać. Wyczuła, że to niepokojący sygnał i wtedy zaserwowała mu małą odmianę sztuki miłosnej – i już. Drodzy Państwo, trzeba dorzucać do kominka, płomień nie może zgasnąć.

Znam pary, które tak mocno zlały się z sobą w takiej synergii, że porzuciły przyjaciół i pasje – ci partnerzy wciąż są sami, sami, sami. Na początku to było urocze, nawet budziło lekką zazdrość otoczenia, ale po

kilku latach jedno i drugie jakby zszarzało, nie widać między nimi iskrzenia.

No oczywiście, to się nie mogło dobrze skończyć. Nie można tworzyć takiej jedności, bo wówczas libido nieuchronnie się zmniejsza. Bo nie ma inności. Zawsze dbajmy o inność. Zagrożeni są zwłaszcza ci, którzy razem pracują, razem mieszkają, czyli razem są bez przerwy. Proszę sobie wyobrazić parę, która razem pracuje w sklepiku, który mieści się w ich domu na parterze. Siedzą tam osiem godzin, potem wychodzą razem na piętro do mieszkania, rozmawiają przy kolacji o sklepie, kładą się spać i też gadają o sklepie, rano śniadanie i też o sklepie, potem schodzą do tego sklepu i znowu osiem godzin razem – i tak dzień w dzień. Po jakimś czasie mają podobny punkt widzenia na wszystko, stają się dla siebie przewidywalni do bólu. Nie ma siły – namiętność spada.

Co robić, przecież nie zamkną z tego powodu sklepu.

Rozważyć, czy na przykład nie lepiej oddzielnie spędzić urlop, żeby pojawiła się tęsknota. Nieraz warto kilka dni pobyć osobno. Tęsknota bardzo ożywia libido. Powtarzam: nie można spędzać czasu tylko razem. Nie można traktować związku jako czegoś statycznego, danego raz na zawsze – jesteśmy razem, ślubowaliśmy sobie, że będziemy razem, jest nam razem dobrze i taka statyczna relacja ma bez przerwy trwać. Związek powinien być dynamiczny. Trzeba dbać o rozwój i być nastawionym na dodawanie bodźców, które nas uaktywnią.

Czyli nie upajać się uczuciem: jak nam razem dobrze, jak on mnie kocha, jest nam świetnie tylko we dwoje, niczego nie zmieniajmy?

To jest taka usypiająca stabilizacja. W dobrym związku musi istnieć pewna improwizacja, kreatywność. I nie chodzi mi o jakieś szaleńcze pomysły. Nieraz drobna nawet zmiana, chociażby ubioru, może być dużym zastrzykiem adrenaliny potrzebnej do ożywienia stagnacji. Jesteśmy przyzwyczajeni do wyglądu drugiej osoby, widzimy ją ciągle tak samo ubraną...

...w T-shircie i dżinsach. A tu nagle garnitur!

Pamiętam, że w jednym związku przypływ namiętności nastąpił wtedy, gdy ona przefarbowała się z szatynki na blond. Banalna rzecz. Świetnie wyglądała w nowym kolorze.

Warto chudnąć dla partnera, który mówi nam, że jesteśmy za grubi?

Nie bagatelizowałbym tego. Jeżeli partner przekazuje nam komunikat typu: „Za bardzo przytyłaś", otrzymujemy sygnał, że powinniśmy o siebie zadbać. Jego treść jest jasna: zmniejsza się twoja atrakcyjność. Jeżeli widzimy mniejsze zainteresowanie nami, ten wzrok jest już jakiś inny, pieszczoty stają się inne, bardziej mechaniczne, nie ma już fascynacji ciałem z powodu fizycznej zmiany, to reagujmy. Dotyczy to zresztą i mężczyzn, i kobiet. Ale z kobietami jest jeszcze inny problem. One mają trzy kryteria podobania się – podobanie się partnerowi, podobanie się koleżankom i podobanie się innym. I jeżeli podobanie się partnerowi przestaje już być najważniejsze, to niedobry sygnał. No bo jeżeli chcesz podobać się innym, a nie starasz się już podobać swojemu mężczyźnie, on może odczuć, że staje się nieważny.

Przestali się kochać w windzie, przestali się kochać na stole kuchennym. Owszem, seks wciąż im smakuje, ale nie ma już dawnego ognia. Da się rozpalić na nowo?

Da się, ale nie na zasadzie paniki: „Ojej, co tu zrobić, seks już nie jest taki, jaki był!". I na siłę szukać, co by tu mogło zainteresować partnera czy partnerkę. Ja bym raczej postawił na swoją seksualność, bez myślenia o partnerze. Zapytał siebie: co ci się podoba, czego chcesz w seksie, o czym fantazjujesz? Jeżeli o niczym

– to może warto zacząć fantazjować? Może sięgnąć po erotyczny film czy książkę i tam poszukać podpowiedzi? To wszystko bardzo rozbudza ośrodek namiętności w mózgu. Po prostu trzeba go zacząć nasycać. I wtedy trochę innym okiem spojrzymy na partnera czy partnerkę. Ale doradzałbym ostrożność, jeśli chodzi o z gadżety...

Nie szaleć w sex shopach?

Nie wszyscy. Dobrze, jeżeli od początku, od momentu, kiedy się poznali, są kreatywni w seksie. Lubią zmiany, eksperymenty. Tylko że to nie dotyczy wszystkich. Niektórym się to podoba, a niektórym nie. Bywają ludzie, którzy są otwarci na gadżety i bardzo je sobie cenią, cieszą się takim urozmaiceniem. I są tacy, dla których jest to w ogóle nie do zaakceptowania. Na przykład pary, które współżyją tylko w jednej pozycji i jest im dobrze. Znam takie i dlatego śmieję się z rad: musicie urozmaicać pozycje seksualne. No właśnie nic nie muszą! Jeżeli im to odpowiada, bo wypróbowali różne pozycje, a ta wydaje im się najlepsza, to czemu nie?

I takich nie da się nakłonić do np. użycia wibratora w łóżku?

Nie, nawet nie próbujmy nakłaniać. Co innego, jeżeli widzimy otwartość na eksperymenty. Można wtedy sobie kupić wibrator i zobaczyć, jak się z nim czujemy. Bywa, że jest okej, ale bywa, że następuje rozczarowanie. Wtedy można spróbować czegoś innego, co się spodoba. A można równie dobrze uznać, że to nas nie bawi. Ja sam uważam, że współczesne gadżety erotyczne są tak efektowne, że zastanawiałem się nawet, czy ich nie postawić w gabinecie na półce? Podobają mi się z estetycznego punktu widzenia – fosforyzujące, piękne kolory. Można je potraktować jako dzieła sztuki. Tak więc para, która lubi eksperymenty, a czuje, że namiętność zaczyna wygasać, absolutnie może się do gadżetów przymierzyć.

Kajdanki? Mając z tyłu głowy 50 twarzy Greya?

Nie jestem entuzjastą tej książki, ale jeżeli jedno i drugie polubi kajdanki, to bardzo proszę. Można próbować wszystkiego: oleje do ciała, świece do masażu. Tylko – uwaga! – jeżeli liczymy na to, że nagle jeden gadżet uratuje nasze kiepskie życie seksualne, to możemy się srogo zawieść. Są filmy erotyczne poświęcone różnym formom seksu, tam można znaleźć niezłe podpowiedzi. Może zagrają w odwrócenie ról? Wyobraża pani sobie dominującego samca alfa, który rządzi, a ona go znienacka cap kajdankami i od tej chwili on już nie może o niczym decydować i tylko od jej dobrej woli zależy, co się z nim stanie. Mogłoby to panią kręcić?

Mnie absolutnie kręci...

I na odwrót. Ona – zawsze decydująca o wszystkim, nagle znajduje się w roli ubezwłasnowolnionej. To może zdziałać cuda!

Ale z moich obserwacji wynika, że po gadżety seksualne częściej sięgają pary bardzo zadowolone ze swojego życia seksualnego, bo chcą „wzlecieć jeszcze wyżej". Może więc, zanim sięgnie się po gadżet, trzeba popracować nad wyobraźnią. Czasami dzieje się to naturalnie, na zasadzie: „Może czegoś byśmy spróbowali? Jest nam bardzo dobrze, ale co nam szkodzi poeksperymentować?".

Chociaż miałem też parę, która nigdy wcześniej nie stosowała żadnych gadżetów, ale gdy się odważyła, okazało się to zbawienne dla ich związku. Kobieta zawsze osiągała orgazm pochwowy, ale potrzebowała określonych silnych bodźców. Jej mąż – kochany, lubiany – nie mógł jej już tego dostarczyć, bo twardość członka mimo przyjmowania leków nie była już taka jak kiedyś. Frustracja jej i jego narastała. A gadżet sprawił, że kobieta zaczęła nawet osiągać wielokrotne orgazmy. I uratowani! Wibrator przyczynił się do utrwalenia związku. Kobieta jest wdzięczna partnerowi, że o niej pomyślał. Że tak dalece się poświęcił, że zdobył się na coś, co może być dla mężczyzny upokarzające: sztuczny penis ma zastępować jego członka.

Ciekawe, nie pomyślałabym w ten sposób. Pan uważa, że to upokarza mężczyzn?

Oczywiście: jeżeli penis sztuczny, a nie jego własny, doprowadza do satysfakcji partnerkę, to może, chociaż nie musi, wywoływać niepokój. Niech pani sobie wyobrazi, że mężczyznę uszczęśliwia sztuczna pochwa. Krzyczy wniebogłosy przy spełnieniu, a z partnerką to tak nie za bardzo, nawet do wytrysku nie może dojść. Czy to nie jest dla niej upokarzające?

Ale jeżeli związek jest pod każdym względem udany, to mężczyzna akceptuje wibrator swojej kobiety. Jeżeli on ją nim pobudza, to – zakładając jego czynny udział – może mu to dawać satysfakcję. Gorzej, jeżeli partnerka jest samowystarczalna, a on w tym czasie czyta gazetę albo ogląda telewizję. Taka sytuacja świadczy o poważnym problemie tej pary i trzeba już to leczyć.

Wie pani, ja jednak jestem przeciwnikiem rewolucji i zaskakiwania partnera. Także w sprawach łóżkowych. Odradzam gwałtowne, radykalne zmiany. Nie tylko możemy się otrzeć o śmieszność, jeśli nagle pobiegniemy do sex shopu, kupimy partnerce erotyczną bieliznę i każemy się w nią przebrać, ale także wzbudzić podejrzenia u drugiej osoby: co tu jest grane, skąd te pomysły? Jak już wspominałem, łatwiej poszaleć tym, którzy od początku bycia razem tworzyli kreatywny model seksu i wciąż go realizują. Ale w takim przypadku mówimy o modelu idealnym. W wielu związkach pojawia się jednak proza życia, która podcina kreatywność seksualną i skrzydła są już oskubane. Dzieci, szkoła, praca, firma, zakupy, dorabianie itd... No i seks, taki pospieszny, dla rozładowania napięcia. Wtedy staje się czymś codziennym, tak jak śniadanie czy obiad.

Moja rada jest taka: od czasu do czasu potraktujmy seks jak sztukę. A żeby był atrakcyjny i ciekawy, wymaga czasu. Powinien być wysmakowany jak dobra kolacja. Uczta. No ale przecież nie ucztujemy co dzień. Takiego seksu nie mamy na podorędziu. Dlatego przeprogramujmy trochę nasze życie, zaprojektujmy nasz rozwój bez ulegania pracoholizmowi. Zacznijmy od tego, że raz w tygodniu serwujemy sobie godzinną ucztę muzyczną. Muzyka ma wielkie znaczenie dla naszego mózgu. I nie chodzi o słuchanie muzyki przy okazji robienia porządków albo pieczenia ciasta. Nie, należy się skupić po prostu na słuchaniu muzyki. W naszej seksualności emocje są niezwykle istotne, a muzyka ma bardzo silny wpływ na odczucia. Jeśli poświęcamy czas na słuchanie muzyki, może się to w sposób interesujący odbić na naszym życiu seksualnym. Wrażliwość muzyczna przenosi się bowiem na wrażliwość w życiu erotycznym. Tak więc: nastrojowa muzyka, a do tego dobra kolacja. I potem robimy sobie fajny seks bez pośpiechu. To od nas zależy, jak zorganizujemy sobie czas. Ale jeśli nie rozwijamy się wszechstronnie, a udane życie erotyczne jest przecież ważnym elementem rozwoju, to ubożejmy. Stajemy się robotami, pracoholikami. Nawet jest takie pojęcie: aleksytymia – zaburzenie, które polega na niezdolności do rozróżnienia i przeżywania uczuć. Skoro wiele osób znajduje dwie godzinki, żeby poćwiczyć na siłowni, to dlaczego nie poświęcić dwóch godzin w tygodniu na wysmakowany seks, który może być erotyczną ucztą? Przyzna pani, że taki model nie wymaga rewolucji?

Jak mężczyźni odnoszą się do operacji plastycznych kobiet?

Ze zrozumieniem.

Wolą mieć babkę ze sztucznym, ładnym biustem niż naturalnym?

Mężczyźni mają pewne preferencje. Jeżeli on lubi ładne piersi, a jego partnerka po porodach, po karmieniu gdzieś je utraciła, to absolutnie nie będzie miał nic przeciwko temu, aby poprawiła sobie urodę. Poza tym, który mężczyzna nie lubi, aby jego kobieta była piękniejsza? Jeżeli robi to dla niego, będzie zadowolony.

Czy fortunne jest, kiedy mężczyzna proponuje kobiecie: „Zrób sobie operację plastyczną"?

A dlaczego nie? Zależy jednak, w jakiej formie to zrobi. Jeżeli powie: „Tak ci obwisły piersi, że nie mogę na nie patrzeć, masz tu 10 tysięcy i idź zrób coś z tym!" – to powinna dać mu w twarz. Ale jeżeli powie np.: „Jesteś piękna, lecz możesz być jeszcze piękniejsza..." – no, to jest dyplomacja w dobrym stylu i nie ma się co obrażać. Jestem zwolennikiem chirurgii plastycznej, bo widzę sporo kobiet i ich nagość. W wielu przypadkach można by rzeczywiście trochę tę naturę poprawić. W końcu do tego służy chirurgia plastyczna.

Panie profesorze, porozmawiajmy teraz o modnych ostatnio warsztatach o seksualności. Ma to sens?

Jasne, niech kobiety chodzą na warsztaty, które otwierają je na ich własne ciało. Kobiety potrzebują tego bardziej niż mężczyźni, bo one częściej mają blokadę wobec własnego ciała. Wystarczyłoby przeprowadzić na ulicy sondę, co mężczyźni myślą na temat swoich członków, a co kobiety myślą na temat swoich wagin. Zobaczyłaby pani, jaką mielibyśmy różnicę. Ile kobiet powie: „Moja wagina jest piękna, wspaniała"? A mężczyzna, owszem, jest dumny ze swojego przyrodzenia, ma poczucie sukcesu, że ileś partnerek doprowadził do orgazmu. Wobec tego otworzenie się na własne ciało może być dla kobiety istotne. I warsztaty też robią tutaj swoją dobrą robotę. Generalnie zahamowania kobiet zmniejszają się, jeżeli przebywają one w grupie kobiet. Profesor Jerzy Vetulani, znawca mózgu, mówi, że wy, panie, macie w mózgu taki ośrodek, który odpowiada za reakcję: „Co ludzie o mnie pomyślą?!". Widać to w neuroobrazowaniu mózgu. Dlatego zajmowanie się swoim ciałem w samotności może się wiązać z poczuciem wstydu. Ale jeżeli robię to z koleżankami, to już nie, bo okazuje się, że jest nas więcej. W grupie dostaje się większe przyzwolenie społeczne na takie eksperymenty. A kobieta znająca oczekiwania własnego ciała, akceptująca swoją cielesność ma dużo większe szanse na zbudowanie dobrego związku.

Spróbujmy podsumować: czego unikać w sypialni, żeby się sobą szybko nie znudzić?

Zacznę od tego, czego najbardziej nie lubią kobiety. Rutyny („Znowu ta sama pozycja, mógłby wpaść na lepszy pomysł" albo „No pewnie, najwygodniej w łóżku, po co szukać innego miejsca"), powagi („Nie ma nic gorszego niż śmiertelnie poważny facet skupiony wyłącznie na tym, co robi"), egoizmu („I znowu myśli tylko o sobie"). No i wręcz nie znoszą pytania po stosunku: „Dobrze ci ze mną było?". W ogóle kobiety nie lubią, kiedy partner zadaje im pytania – ani w trakcie, ani po. Nawet jeżeli cisną się wam na usta, zapytajcie, panowie, kilka godzin później.

No i teraz pojawia się istotny problem: skąd mężczyzna ma to wszystko wiedzieć, skoro pokutuje mit, że to właśnie panowie potrzebują odmiany i nowości, a kobiety są tradycyjne i unikają nowinek. Tymczasem w gabinecie wciąż słyszę: „Chciałabym, aby mnie czymś zaskoczył", „Byłoby dobrze, gdyby po przyjściu do domu wziął mnie w jakimś nieoczywistym miejscu, na dywanie lub w łazience, a nie czekał na wygodę w łóżku wieczorem".

I rzecz jasna on powinien się sam tego wszystkiego domyśleć.

Niestety, kłania się nam tutaj nieszczęsny brak dialogu w związkach. Mimo wielu umiejętności większość mężczyzn po prostu nie ma daru jasnowidzenia ani intuicji.

O jakich jeszcze marzeniach kobiety nie mówią swoim mężczyznom?

Że bardzo lubią ekspresyjnie przeżywany orgazm przez partnera. Że bardzo cenią sobie pobudzanie łechtaczki. O ile panowie radzą sobie z tym w seksie oralnym, o tyle z pobudzaniem ręką już nie. Uczulam mężczyzn na fakt, że dobrze jest nauczyć się takiej sztuki, bo aż 107 na 130 badanych kobiet przyznało, że dochodzi do orgazmu poprzez pobudzanie łechtaczki. Marzą o idealnym kochanku, który ma pełną erekcję w czasie sztuki miłosnej bez żadnej pomocy, ale rzeczywistość widziana oczami kobiet odbiega znacznie od ideału i niejednokrotnie muszą pomagać partnerowi w osiąganiu podniecenia seksualnego, bo bez tego nie będzie miał pełnego wzwodu. Grzechem kochanków jest to, że podniecają się zbyt szybko i zbyt szybko mają wytrysk.

Wiemy, że w naszym związku coś się zacięło w sferze erotycznej. Ale wstydzimy się z tym pójść do specjalisty. Jak przełamać wstyd?

Zrozumieć, że seks jest naprawdę bardzo ważnym spoiwem związku. Że już po kilku tygodniach braku kontaktów intymnych pęka więź psychiczna i bardzo trudno powrócić do stanu poprzedniego. Dlatego w przypadku oporu partnera czy partnerki nie jestem przeciwnikiem stosowania lekkiego nacisku aż do skutku.

Bardzo często się zdarza, że przychodzą do mnie osoby, które na wstępie zaznaczają: „Partner/partnerka mnie do to zmusił(a)". Nie wszyscy bowiem potrafią taktownie opowiadać o swoich seksualnych kłopotach: czasami kobieta ujawnia wprost swoje niezadowolenie z ars amandi, ale jej ocena partnera w roli kochanka jest po prostu druzgocąca, zwłaszcza gdy porównuje go ze swoimi eks. Jest to ogromny błąd, o czym już wspominaliśmy. Bywa, że stawiają warunki, szantażują. Tacy pacjenci nie przychodzą sami: często towarzyszy im partnerka przyjmująca rolę strażnika, który pilnuje, czy wizyta aby naprawdę doszła do skutku. Istnieje także grupa pacjentów z naprawdę poważnymi zaburzeniami seksualnymi, którzy – wbrew oczywistym faktom i logice – postrzegają siebie jako osoby zdrowe i sprawne seksualnie. Według nich to nie oni, tylko ich partnerzy mają prawdziwe problemy. Uciekają w mechanizm przeniesienia, przekonują: „Panie doktorze, ja nie mam wczesnego wytrysku, to moja partnerka tak długo się rozbudza" albo „Nie mam problemów z erekcją, po prostu nie mam ochoty na seks". Kobiety, które straciły zainteresowanie seksem, których libido zmalało, zwykle zasłaniają się twierdzeniem, które jest teraz traktowane jako zdanie klucz: „Bo seks jest przereklamowany". Bywa też, że zrzucają odpowiedzialność na męża: „Bo nie potrafi mnie zachęcić", „Ja nie mam aż takich potrzeb jak on". Tymczasem zaburzenia seksualne dotyczą prawie połowy kobiet. Na zanik lub brak potrzeb seksualnych, zaburzenia podniecenia seksualnego, orgazmu i na odczuwanie bolesności w kontaktach skarży się ok. 43 proc. kobiet. Z badań statystycznych wynika, że 8 proc. kobiet nigdy nie miało orgazmu, 17 proc. dochodzi do niego rzadko i z trudem, 13 proc. odczuwa ból, z kolei 20 proc. nie ma chęci na seks.

Nie lubią się leczyć?

Nie lubią. Zdecydowana większość z nich nie traktuje tego jako problemu i nie jest zainteresowana leczeniem. Na te 43 proc. kobiet z zaburzeniami jedynie od 10 do 18 proc. uważa: „Mam problem z seksem". To nawet nie połowa.

Dlaczego tak się dzieje?

To proste – seks nie jest dla kobiet najważniejszy, jest średnio ważny. O wiele bardziej odpowiedzialna od niego jest rola kobiety, matki, praca zawodowa, zdrowie, standard życia codziennego. A większość mężczyzn po prostu odczuwa napór napięcia erotycznego. U większości kobiet przeżywanie zaburzenia seksualnego staje się problemem dopiero w przypadku zagrożenia trwałości dotąd udanego związku. Na szczęście zmieniająca się obyczajowość erotyczna sprawia, że coraz mniej kobiet ukrywa swoje zaburzenia seksualne i nie zrzuca winy wyłącznie na partnera, tylko szuka jej w sobie i jest zainteresowana leczeniem zaburzeń.

Jak na zaburzenia kobiet reagują ich partnerzy?

Najczęściej proszą. O zgodę na seks. To najczęściej spotykana reakcja w przypadku, kiedy partnerka nie odczuwa pożądania i podniecenia, rzadko przeżywa orgazm bądź nigdy go nie ma. Mężczyzna świadomy, że partnerka ma tego typu problemy, jest przekonany, że mimo wszystko „może mu się oddać", jeśli go kocha.

I oddaje się?

Mężczyźni mają nosa, okazuje się, że tego typu zachowanie nie jest bez szans, bowiem – jak wynika z Raportu Seksualności Polaków – w takiej sytuacji 37 proc. kobiet wprawdzie delikatnie odmawia, ale w końcu się zgadza, a kolejne 5 proc. zgadza się, „bo taka jest rola kobiety".

Czyli prawie połowa kobiet dla świętego spokoju uprawia seks, chociaż nie chce.

Tak, ale zwracam uwagę, że jest to jednak prośba. Inaczej kobiety zachowują się w sytuacji wymuszenia seksu. Większość negatywnie reaguje na tego typu zachowania, traktując je jako wyraz egoizmu partnera, wywieranie presji i nieliczenie się z partnerką. Im bardziej i częściej mężczyzna naciska, tym większy opór i bunt budzi w partnerce. Jest to częsta przyczyna konfliktów w związku.

Bywa też tak, że w przypadku zaburzeń seksualnych ze strony kobiety ich partnerzy po prostu godzą się z losem. To najczęściej spotykana postawa u tych panów, którzy obwiniają siebie za zaburzenie seksualne partnerki – a takich jest dużo. Poczucie winy może wynikać z tego, że sami cierpieli z powodu zaburzenia erekcji, wytrysku lub są mało doświadczonymi kochankami. Znałem mężczyznę, który, aby zrekompensować swojej żonie nieudany seks, nauczył się świetnie gotować i rozpieszczał ją kulinarnie. Inny obsypywał żonę prezentami – drogimi samochodami. Mężczyźni z poczuciem winy starają się być niezastąpionym i cennym partnerem życiowym. Na drugim biegunie zaś stoją ci, którzy wyznają zasadę: „Nie, to nie!". Reagują ambicjonalnie, obrażają się, przenoszą do osobnego łóżka. Zachowują się, jakby byli stale zagniewani, strzelają klasycznego męskiego focha i tego typu sytuacja potrafi ciągnąć się przez miesiące, a nawet lata. Bywa również tak, że na „nie” ze strony kobiety mężczyźni biorą sprawę w swoje ręce...

...dosłownie...

Dosłownie i typowo. Większość mężczyzn masturbuje się w trakcie oglądania pornografii i w ukryciu przed partnerką. Zdarza się jednak, że niektórzy pobudzają się w obecności partnerki, jakby chcieli jej pokazać, że potrafią sobie poradzić, lub w zawoalowanej formie kierują komunikat: „Widzisz, do czego mnie zmuszasz”.

Ostatnio niedoszły kochanek mojej znajomej wysłał jej zdjęcie swojego penisa we wzwodzie z podpisem: „Zobacz, co tracisz”.

Mówiłem: mężczyźni są bardzo dumni ze swoich penisów – obojętnie jakiej sytuacji to dotyczy.

Niebezpieczne przerwy w ars amandi

Partnerom po wielu miesiącach braku współżycia seksualnego trudno je odnowić. I nie wynika to jedynie z przyczyn psychicznych. U mężczyzny długa przerwa w życiu seksualnym może prowadzić do „zaniku z nieczynności". Nie dochodzi do tego, gdy uciekał się do zachowań zastępczych, np. masturbacji. Renesans więzi seksualnej jest trudniejszy od renesansu więzi psychicznej. I o tym bezwzględnie należy pamiętać.

Z moich doświadczeń wynika, że negatywne następstwa separacji pojawiają się już po 3–4 tygodniach jej trwania. Nie wystarczy już po prostu dobra wola, żeby znowu wrócić do seksu. Okazało się to bardziej skomplikowane, niż nam się do tej pory wydawało. Do niedawna dominował bowiem pogląd, że przyczynami trudności w powrocie do seksualnej intymności są opory, zahamowania i inne zaburzone relacje między partnerami. Wydawało się, że aby seks wrócił, wystarczą chęć, rozmowa, odreagowanie zalegających negatywnych uczuć. „Jeżeli się kochacie, wszystko się ułoży, musicie dać sobie tylko trochę czasu" – brzmiała najczęstsza porada przyjaciół.

Tymczasem nie jest to takie proste. Wiemy o tym dzięki nowym badaniom przeprowadzanym w laboratoriach z zastosowaniem metod obrazowania mózgu, pomiaru „chemii miłości i seksu". Zaczęło się od badań zwierząt, które poddawano różnym eksperymentom polegającym na stworzeniu izolacji seksualnej, a później na próbach zbliżenia ich do siebie. Wyniki tych badań dostarczyły wielu interesujących informacji potwierdzonych w badaniach ludzi. I dzięki temu wiemy, że długotrwały brak stymulacji seksualnej zaczyna uruchamiać procesy w ośrodkach mózgowych sterujących szeroko rozumianą seksualnością, czyli pożądaniem, podnieceniem, atrakcyjnością seksualną, intymną bliskością. I – co bardzo ważne – zachowania, które naukowcy nazywają uwodzącymi, czyli takie, które mają na celu zwrócenie na siebie uwagi, prowokowania pożądania – również zanikają. To z kolei prowadzi do obniżania się poziomu podniecenia seksualnego. Gdyby to zjawisko opisać w kategoriach biochemicznych, można powiedzieć: seks między partnerami w stałym związku działa jak narkotyk (pobudza układ dopaminergiczny). Mniej lub bardziej satysfakcjonujące zbliżenia aktywują wiele substancji chemicznych i ośrodki sterujące seksem w mózgu. Dłuższa przerwa w stymulacji tych ośrodków prowadzi do zaniku podniecenia, reakcji na bodźce, potrzeby seksu z daną osobą. Im dłużej trwa przerwa w kontaktach seksualnych, tym większy spadek podniecenia – aż do jego zaniku.

Najgorsze, co wynika z tych badań, to to, że wyrozumowany seks to za mało. Pogodzenie się i decyzja o powrocie do kontaktów seksualnych nie aktywuje ośrodków mózgowych z banalnego powodu: braku podniecenia i pożądania. Partnerzy mogą mieć dobrą wolę, motywację do współżycia, ale brakuje między nimi chemii. I pojawia się problem. Leki na wywołanie erekcji nie zadziałają w przypadku braku pożądania do danej osoby. Viagra jest fantastycznym lekiem na kłopoty z erekcją, ale nie na problem z psychicznym pożądaniem. A nie mamy leków, które wywołują pożądanie wobec seksualnie obojętnej osoby. Wątpię, czy pary będą w stanie pomóc sobie bez ingerencji specjalisty, wrócić do poprzedniej namiętności.

Co w takim przypadku może zrobić seksuolog? Proponuje parom różne ćwiczenia stopniowego oswajania się ze sobą, budzenia potrzeby bliskości, pobudzania wyobraźni erotycznej, wspólnego oglądania filmów o treści erotycznej, okazywania sobie pieszczot bez intencji stosunku, masaże ciała i tym podobne treningi. Zaleca się również afrodyzjaki z wiarą, że wywołane pożądanie może ukierunkować się na drugą osobę. Wiele poradników doradza, co mają robić pary w celu przywrócenia namiętności w ich związku. To pomaga, choć nie w każdym przypadku. Najważniejsze, by nie przedłużać braku intymnej bliskości. Jeżeli już, to najwyżej w skali kilku dni i nie więcej. Seks jest naturalnym narkotykiem dla związku, ale wymaga stałego dawkowania. Dlatego kochajmy się często. Nawet średnio udany seks jest lepszy niż żaden.

(Zbigniew Lew-Starowicz, „O miłości")

Rozdział VII

Dziecko rywalem

W pięknie brzmiącej teorii dziecko miało być elementem więzotwórczym, a tu nagle rozbija związek. Statystyki mówią, że po drugim dziecku wiele małżeństw się rozpada...

Och, ta cukierkowa teoria, że dziecko to sama rozkosz, robi mnóstwo złego. Chciałbym mocno podkreślić: pojawienie się dziecka powoduje naturalne kryzysy i dojrzali rodzice powinni się na to tak samo dokładnie przygotować, jak przygotowują pokoik dla malucha. Oczywiście nie zawsze tak jest, ale jedno jest pewne: będą mieć mniej czasu dla siebie.

Ona jest zbuntowana, bo siedzi z maluchami w domu. Mówi do niego: „Tobie jest dobrze, wychodzisz do ludzi, a ja już nie mam siły"...

...a jeśli on wówczas odpowie: „Przecież kobiety rodzą dzieci od milionów lat i nikt od tego nie umiera" – to konflikt murowany. Natomiast jeżeli powie: „Słuchaj, ja cię w pełni rozumiem, jesteś absolutnie bohaterką, ja na twoim miejscu bym zgłupiał" – zadziała to jak balsam.

„Idź do kina, a ja się zajmę dziećmi".

No właśnie. Wie pani, to jest takie proste. Młoda mama powinna mieć dla siebie, i tylko dla siebie, przynajmniej dwie godziny w tygodniu. Jeżeli nie chce wychodzić, można jej zrobić kino w domu. On się zajmie dziećmi, a ona w drugim pokoju może sobie obejrzeć film. Mała rzecz, a bardzo dobra dla związku. Niestety, jeżeli mężczyzna nie wyjdzie kobiecie naprzeciw, kryzys już czeka za drzwiami. I będzie się pogłębiał, bo dojdzie do tego poczucie niezrozumienia. Jeżeli obie strony mają krewkie charaktery, może dojść do dramatu. I wtedy przychodzą do mnie uwiedzeni tym cukierkowym obrazem rodzicielstwa, rozczarowani, że codzienność może być taka trudna.

I jakie może pan dać im rady?
Typu: wszystko minie, dzieci szybko wyrosną i później będzie jak dawniej?

To jest żadna rada. Po pierwsze trzeba się zorientować, co jest źródłem konfliktu. I wie pani, co wychodzi najczęściej? Że młoda mama jest niewyspana. Tak po prostu z braku snu jest rozdrażniona, wszystko ją irytuje. Karmienie na żądanie ją wykańcza, ona jest najzwyczajniej fizjologicznie niewyspana, słania się. Ileż poważnych konfliktów miało początek w tak banalnym fakcie! Panowie, pomyślcie o tym i dajcie się wyspać matce swojego dziecka. Zorganizujcie pomoc – czy to niania, czy ktoś z rodziny niech wpadnie i przez jakiś czas zajmie się maluchem, a mama niech się przynajmniej zdrzemnie.

Bardzo ważne są detale, więc nad nimi siadamy i razem ustalamy krok po kroku, co można usprawnić w codziennym życiu. Czasami mężczyzna może nie mieć wyobraźni, że ona akurat pada ze zmęczenia i stale jest senna, w związku z tym iskrzy między nimi. W czasie pracy z parą ustalamy, czy on od czasu do czasu może wrócić wcześniej do domu i zająć się dzieckiem. Te godziny będą bardzo cenne dla ich relacji. I idziemy drogą mediacji. Spacer z dziećmi, opieka, odprowadzanie do przedszkola, odprowadzanie do szkoły, pomoc w odrabianiu lekcji. Nieraz to wymaga przebudowy tygodnia pracy, nieraz wychodzi przy okazji walka o władzę w związku, ale ja ich prowadzę w kierunku zgody, spokojnie pytam, co każde z nich może dać z siebie. W ten sposób układamy program dnia. Ważne, żeby nie był ogólny, ale żeby zawrzeć te detale. Dla mnie, jako osoby z zewnątrz, wydaje się to dosyć oczywiste, ale dla nich takie oczywiste nie jest. Sami są nieraz zaskoczeni. „Przecież mogliśmy wpaść na to bez pana pomocy!" – mówią.

Przed laty, kiedy były wielopokoleniowe rodziny, człowiek, który się w takiej wychował, wiedział, co go czeka. Opieka nad młodszym rodzeństwem to był trening samodzielności i odpowiedzialności. Dzisiaj ludzie są przygotowani na same przyjemności, radości, a nie wyrzeczenia. A dziecko to wielka miłość, ale i wielka praca. Zdarza się, że przychodzi do mnie para, bo on nie chce się żenić, bo boi się narodzin dziecka. Tłumaczy, że widzi, co się dzieje w małżeństwach ich znajomych: pojawiło się potomstwo i zaczął się horror w związku, a on tak nie chce. Oczywiście można przypuszczać, że pechowo trafili im się znajomi, którzy mają ponadprzeciętne kłopoty z dziećmi, ale pojawienie się potomstwa zawsze jest pewnym wyzwaniem, bo na pewno dziecko kradnie czas na relację z partnerem (partnerką). Dlatego świadomość tego, co może nas spotkać, jest pomocna. Wiedza ułatwia życie. Kobieta i mężczyzna, którzy postanowili spędzić ze sobą resztę życia, powinni znaleźć czas na rozmowę o przyszłości: „A jeżeli pojawi się dziecko, to jak wyobrażasz sobie wtedy nasze życie? Jaki będzie podział obowiązków?". Wiele rzeczy można przewidzieć wcześniej i omówić. Przecież nie żyjemy na bezludnej wyspie, mamy kolegów, przyjaciół, którzy mają dzieci i zdobyli już doświadczenie.

A jak jest z zamianą ról? Ojciec zostaje w domu z dzieckiem, ona idzie do pracy.

Jeżeli dotyczy to związku, w którym mężczyzna czuje powołanie do rodzicielstwa i opiekowania się potomkiem, a jego partnerce to akurat też odpowiada – to wspaniale. Ale co innego osobiste powołanie rozumiane i akceptowane przez drugą stronę, a co innego uleganie modzie. I tu znowu trzeba rozmawiać – np. omówić, czy on ma zawiesić pracę, chociaż prowadzi firmę, i zająć się dzieckiem, czy logiczniej byłoby, gdyby jednak zarabiał na rodzinę. Trzeba trochę rozum doceniać.

Kolejna moda, czyli obecność ojca przy porodzie, także jest dyskusyjna. Wiemy, że u 10 proc. mężczyzn daje to złe efekty.

Ale skąd mężczyzna ma sam wiedzieć, że to nie dla niego?

Jeżeli jest typem, który uważa, że nic nie jest mu straszne, że wszystko przetrwa – to raczej nie powinien zostawać na porodówce. Natomiast jeżeli w ten sposób cieszy się z faktu przyjścia na świat potomka i chce go powitać, pomóc swojej partnerce, to jest zupełnie inna motywacja.

Z tymi 10 proc. mężczyzn problem jest taki, że po wspólnym rodzeniu pojawia się u nich zanik pociągu seksualnego do partnerki. Powodem jest dyskomfort estetyczny, zmiana obrazu ciała partnerki, zwierzęcość porodu. Najczęściej przyczyną takich reakcji jest to, że mężczyzna został nakłoniony do uczestnictwa przy porodzie wbrew swoim chęciom.

No właśnie, porozmawiajmy o seksie po urodzeniu dziecka.

Może być z tym gorzej, ale nie musi. Mało się o tym wie, ale wbrew pozorom okres ciąży, poród i pierwsze miesiące po przyjściu dziecka na świat wpływają także na seksualne potrzeby mężczyzny. Zainteresowanie seksem może się zmniejszyć. Dlaczego? Zdaniem psychologii ewolucyjnej i socjobiologii u mężczyzny już w okresie ciąży partnerki (a też po porodzie) spada poziom testosteronu. Wobec tego, kiedy dziecko jest małe i wymaga opieki, mężczyzna staje się mniej agresywny seksualnie, a bardziej opiekuńczy, co sprzyja umocnieniu więzi rodzinnych. Natura bardzo mądrze to wymyśliła. Dla dobra gniazda ważne jest zwiększenie uczuć opiekuńczych ze strony partnera, zainteresowania rodziną i jednocześnie zmniejszenie poziomu agresywności, popędu seksualnego. Czuły, zainteresowany partnerką i potomstwem mężczyzna stwarza większe poczucie bezpieczeństwa i stabilności w rodzinie niż pobudzony seksualnie samiec. Feminizacja psychiczna mężczyzny ma zatem sens. I to na jeszcze jednym poziomie: ponieważ jego mniejsze potrzeby seksualne sprzyjają koncentracji na życiu rodzinnym, to tym samym nie stwarzają zagrożenia zainteresowaniem seksualnym innymi kobietami i rozdawnictwem genów. Również kobieta w roli matki bardziej potrzebuje jego zaangażowania w życie rodzinne, w opiekę nad nią. W tym czasie seks staje się mniej ważny. Więź z partnerem utrwala się i pogłębia. Dominuje postawa: „Było nas dwoje, a teraz jest nas troje". Kobieta czuje się spełniona w roli matki i partnerki. Życie erotyczne zmienia trochę swoją postać – jest w nim więcej czułości niż ognia. Często w takiej sytuacji następuje prosta zależność: im bardziej kobieta jest zadowolona z roli męża i ojca, tym większą ma ochotę na seks. Ale przeważnie następuje to po kilku miesiącach od porodu. Jeśli oczywiście kobieta nie wpadnie w depresję poporodową – a dotyka to co dziesiątą kobietę. Wtedy problem wyziębienia może trwać miesiącami i trzeba koniecznie to leczyć.

Czyli rada jest taka: panowie, bądźcie czuli i opiekuńczy dla matek swoich dzieci, wtedy będziecie mieli udane życie erotyczne.

Dokładnie. Rozczarowanie małym zaangażowaniem partnera w życie rodzinne oraz brakiem pomocy i zrozumienia z jego strony absolutnie zniechęca kobietę do uprawiania miłości. Najgorszą rzeczą, jaką może w takiej sytuacji zrobić mężczyzna, jest domaganie się seksu. Może to prowokować agresję ze strony partnerki. Lepiej, by swoją energię ukierunkował na zrobienie porządku w domu, ugotowanie obiadu i zajęcie się maluchem. Tak jak to się dzieje w obecnie coraz częściej spotykanym wariancie – partnerskim. Mężczyzna był zainteresowany przebiegiem ciąży, opiekuńczy i pomocny. Najczęściej uczestniczył przy porodzie, rozwinęły się w nim silne uczucia rodzicielskie. Opiekuje się dzieckiem, pomaga partnerce. To sprzyja dobrym relacjom erotycznym. Nawet jeśli ludzie kochają się mniej niż przed ciążą, ale nie widzą w tej sytuacji problemu, jest ona traktowana jako oczywista i nie rodzi animozji.

Bywa jednak wariant bardzo pesymistyczny, o którym zdecydowanie za mało się mówi i pisze. Jest to tzw. zespół modliszki. Polega on na tym, że o ile do czasu zajścia w ciążę relacje seksualne były udane, po porodzie sytuacja ulega diametralnej zmianie: kobieta przestaje odczuwać zainteresowanie seksem, unika współżycia, traktuje partnera jak kogoś, który zrobił swoje, a teraz powinien opiekować się rodziną i dużo zarabiać. A ona znalazła sobie jedyne powołanie: realizuje się w roli matki. To jej w pełni wystarcza. Zwiększa się rola rodziny partnerki, jej przyjaciółek i to właśnie z nimi, a nie z partnerem, konsultuje wszelkie decyzje. Zbliżeń nie ma lub są bardzo rzadkie. Jak w takim układzie może się czuć mężczyzna? Ma poczucie odtrącenia, zmarginalizowania. Przez pewien czas jakoś sobie z tym radzi. Myśli, że kryzys minie. Nic się jednak nie zmienia. Im bardziej domaga się seksu, tym większą budzi niechęć. Jego argument, że brak wspólnego życia intymnego nie jest normalny, spotyka się z kontrargumentami, że właśnie jest to normalne – i jako dowód są przytaczane opinie przyjaciółek. Jeżeli mężczyzna ma słabą pozycję w rodzinie, to nic nie może uzyskać i zostaje mu narzucone życie w celibacie.

Co wtedy?

O, tu już bezwzględnie potrzebny jest specjalista, sami sobie z tym problemem nie poradzą.

Czy kobieta może przestać pociągać mężczyznę, bo w jego oczach zmieniła się z kobiety w kobietę matkę dziecka?

Tak, zwłaszcza wtedy, kiedy matkowała partnerowi jeszcze przed urodzeniem dziecka. Po porodzie staje się po prostu matką bis swojego partnera i ich wspólnego dziecka. Nic dziwnego, że pożądanie seksualne ze strony mężczyzny maleje prawie do zera. Archetyp matki jest prastarym archetypem tkwiącym w podświadomości części mężczyzn. Kobieta matka to uosobienie macierzyństwa, ciepła domowego, wysokiej pozycji w rodzinie, jest boginią płodności. Należą się jej szacunek, podziw i uznanie. Ale nie namiętność. „Panie doktorze, moja żona mnie nie pociąga, bo przypomina mi moją matkę" – mówią przychodzący do mnie mężczyźni. I w sumie nic dziwnego, że tak się dzieje, bo wielu mężczyzn silnie związanych uczuciowo ze swymi matkami wiąże się z kobietami podobnymi fizycznie i psychicznie do matki. W związku zaczynają odtwarzać scenariusz życia rodzinnego. Partnerka stopniowo przejmuje rolę matki, kontynuuje ją.

I dzieje się to, czego bardzo nie lubię: mąż zwraca się do swojej żony per „mamuśka".

A partnerka w roli mamuśki jest darzona szacunkiem, atencją, ale nie budzi pożądania.

Jak więc powinna zareagować na to mamuśka?

Wyraźnie powiedzieć, że nie odpowiada jej takie określenie, że nie ma zamiaru matkować partnerowi, że nie chce być postrzegana w aseksualnej roli. Że chce być adorowana. Często jest tak, że – gdy odpocznie już po porodzie – zaczyna czuć przypływ erotycznej energii. Wtedy seksualna bierność mężczyzny zaczyna budzić jej lęk, niechęć, podejrzenia typu: „ma inną", „już mnie nie kocha". Partner niepałający pożądaniem do partnerki zaczyna czuć się nieswojo. Ona naciska, wywiera presję, on nie może, nie czuje. Sytuacja patowa. Obie strony są rozczarowane i podenerwowane. Pojawiają się konflikty, iskrzenie z byle powodu, pretensje. Afrodyzjaki czy leki pobudzające seksualnie nie rozwiążą tej sytuacji, bowiem działają doraźnie lub wcale nie zadziałają.

A co może zadziałać?

Jeżeli okazuje się, że mężczyzna ma obniżony poziom testosteronu, można pomóc farmakologicznie: pobudzić do zwiększenia produkcji tego hormonu, a w szczególnych przypadkach zastosować substytucję hormonalną. Pomocna będzie także psychoterapia ukierunkowana na mechanizmy głęboko tkwiące w podświadomości mężczyzny. Ważne jest również zachowanie partnerki i jej rola w związku. Jeżeli z różnych przyczyn odpowiadało jej matkowanie partnerowi do czasu narodzin potomka, to nie powinna czuć się zaskoczona, że mąż wciąż pozostaje w roli dziecka. W takiej sytuacji należy pomóc obojgu.

Wie pani, gdy słyszę w gabinecie takie zdanie: „Żona jest idealną matką", budzi to zaraz moją czujność. Oczywiście, to zapewne prawda, tylko jakie są tego konsekwencje dla związku? Może osiągnęli harmonię we wszystkim, i tak dzieje się bardzo często, ale skoro znaleźli się u mnie, to istnieje ryzyko, że na przykład w mężczyźnie kiełkuje zazdrość o bezwarunkową miłość partnerki do dziecka, czuje się odsunięty. I niejednokrotnie ucieka w pracoholizm, późno wraca do domu. Ma znakomite wytłumaczenie – przecież dużo pracuje dla standardu materialnego i dobra rodziny. Praca wypełnia życie i umożliwia uniknięcie konfrontacji z partnerem. Niestety, co tydzień przypada weekend, a co jakiś czas nadchodzą święta. Wtedy stosowana jest strategia „niebycia sam na sam" z partnerką. Następuje mnożenie wizyt towarzyskich, rozrywek i innych rozwiązań w jednym tylko celu: uniknięcia bliskości z partnerem. Życie seksualne w takich związkach jest rzadkie i pozbawione głębokiej przyjemności, bardziej służy rozładowaniu napięcia niż bliskości z drugą osobą.

Rywalizacja

Współczesne związki coraz częściej opierają się na rywalizacji. Jej istotą jest zniekształcenie więzi między partnerami. Druga osoba staje się konkurentem, zagrożeniem, przeciwnikiem. W związku pojawiają się przedziwne mechanizmy, ma on bardzo chwiejną równowagę, a partnerzy są dopingowani przez swoje pragnienie wyprzedzenia drugiej osoby na jakimś polu, koncentrują się na bilansie swoich sukcesów i porażek. Uniemożliwia to kompletnie stworzenie wspólnoty związku. Co więcej, takich postaw nie spotykamy jedynie u ludzi młodych, te mechanizmy mogą być silne także u osób w starszym wieku, bo stały się one siłą napędową ich życia psychicznego.

Niektóre zachowania rywalizacyjne wynosi się z domu, np. dziecko rywalizuje ze swoimi rodzicami albo rodzeństwem – zwłaszcza między siostrami taki mechanizm jest bardzo mocno rozwinięty. Także jedyne dziecko w rodzinie może jako dorosły walczyć o granie pierwszych skrzypiec. Poza tym w związku, gdy jedna osoba ujawnia postawy rywalizacyjne, druga także może je eksplikować. Znam przykłady związków, w których stałe wysłuchiwanie kazań na temat własnej doskonałości, zalet, nieomylności i łaski wyświadczanej partnerowi rozbudziło potrzebę rywalizacji. Początkowo miała ona formę zakomunikowania partnerowi, że „i ja posiadam takie zalety", a potem dochodziło już do wzajemnego licytowania się, kto jest w czym lepszy.

Kobiety zaczęły cenić u siebie męskie cechy, więc panowie nie mogli pozostać w takiej sytuacji obojętni.

Patriarchalny model małżeństwa i przemiany obyczajowe ostatnich lat wyzwoliły w kobietach przekonanie, że typowo męskie cechy – agresja, skoncentrowanie na sobie, zdolności przywódcze – są lepsze niż kobiece. Jeżeli przejmują męski styl życia i podnosi im to poczucie własnej wartości, w takim związku mężczyzna może się czuć zagrożony i zacząć rywalizować o władzę z własną partnerką.

Najgorsza dla mężczyzny jest tzw. rywalizacja prestiżowa. Znam związki, w których podstawowym motywem zrobienia doktoratu, skończenia studiów, awansu czy zmiany miejsca pracy była... rywalizacja z kobietą. W niektórych związkach partnerzy po prostu ścigają się, kto więcej osiągnie. Czasami trudno określić, czy pod postawą „znaczyć więcej, mieć więcej" kryje się autentyczna chęć samorozwoju, czy właśnie motyw rywalizacji.

Na pewno szczególnie zagrożony czuje się w takim układzie mężczyzna. Z badań przeprowadzonych wśród kobiet wynika, że cenią one w mężczyznach wyższość, jeżeli chodzi o pozycję zawodową, stopień naukowy. Drugi typ rywalizacji znają doskonale bywalcy imprez domowych, przyjęć i garden parties. W rywalizacji towarzyskiej na arenie występują uczestnicy danego spotkania, a zwycięzcą jest ten, kto zdobędzie większe uznanie, aprobatę ze strony innych. Zachowania często prowadzą wtedy do ośmieszenia, dyskredytacji partnera/partnerki. Wielokrotnie słyszę w gabinecie: „On/ona w towarzystwie staje się kompletnie inną osobą, nie mogę go/jej poznać, w domu wszystko zmienia się jak za dotknięciem różdżki". Istnieje też dosyć niebezpieczny rodzaj rywalizacji kompensacyjnej – w przypadku poczucia niższości wobec partnera, który w dodatku na każdym kroku podkreśla cechy i umiejętności, w których jest lepszy, może się wytworzyć mechanizm podkreślania swojej wyższości właściwie w każdej dziedzinie życia, w której ma się przewagę. „Pochodzę z lepszej rodziny", „Moja matka robiła smaczniejszą szarlotkę", „Jestem wrażliwszy(a) od ciebie".

(Zbigniew Lew-Starowicz, „O mężczyźnie")

Rozdział VIII
Najpowszechniejsze błędy, jakie popełniamy w związku

Zacznijmy od kobiet. Czego nie powinnyśmy robić, żeby żyć z naszym mężczyzną długo i szczęśliwie? Według mnie najważniejszym błędem popełnianym przez nas jest przekonanie o tym, że mężczyznę da się wychować.

Nie wychowujcie natarczywie partnera. Znam takie pary, w których kobieta tak zapędza się w wychowaniu swojego męża, że nawet narzuca mu kolor bielizny. Kobiety zagarniają mężczyzn, zamieniają się w kwoki, które nie chcą ich wypuścić spod skrzydeł.

A jemu tam gorąco, nawet czasami może się udusić.

Zwracam się do pań z apelem: uszanujcie męską potrzebę wolności i niezależności. Jeżeli on ma chęć spotkać się z kumplami, pograć w karty czy pójść na mecz, niech idzie. Unikajmy zaborczości i sprawdzania – bo właśnie na to mężczyźni bardzo często się skarżą: „Ona wszystko chce kontrolować”.

W gabinecie słyszę: „On ma być cały mój”. Często przeprowadzam ćwiczenie polegające na wyobrażeniu sobie, w jakie zwierzę zaczarowałabyś swojego partnera. Kobiety przeważnie wyobrażają sobie, że ich mężczyzna jest ptakiem. Gotowym ulecieć. Ptak jest wolny. Fruwa. Myślą z niepokojem: „Teraz frunie może w stronę mojego domu albo pofrunie nad las, a może zawita do jakiegoś innego domu”. Tymczasem on wcale się ptakiem nie czuje, wręcz przeciwnie – ma obowiązki, pracę, dzieci i tylko tęskni za jakąś dozą wolności. Niestety, zatrważająco często się zdarza, że wszystkie dziedziny jego życia są ściśle kontrolowane.

Po co? Żeby jej nie zdradził? Czy dlatego, że zawsze i wszystko ona lubi mieć pod kontrolą?

Nieraz jest to zaborczość o czas, który powinien być przeznaczony wyłącznie dla niej. A mężczyzna, jej zdaniem, traci czas, wymykając się z kumplem na spotkanie. A jeśli w dodatku ten kumpel się rozwiódł, może mieć na mężczyznę zły wpływ...

Może mu nagadać...

A on może się nasłuchać. Na przykład o tym, że kumpel znalazł sobie nową partnerkę i jest z nią szczęśliwy. Kobieta uważa, że jeżeli partner cały należy do niej, to nie ma prawa przez godzinę oglądać sobie znaczków. Albo takie kuriozum, które spotykam w wielu związkach: kobiety nie mogą pojąć, że interesujący się polityką mężczyźni kupują różne gazety i je czytają. „Po co tyle kupujesz? Wszędzie piszą to samo" – kwękają im nad uchem. Niby nic, a jednak on czuje się ograniczany.

Jednym z kobiecych grzechów są także kategoryczne stwierdzenia na dany temat, np. „Kukiz jest głupi" albo „Kukiz jest genialny". I nie ma z tym dyskusji.

Podsumowując: nie grzesz, partnerko, zaborczością i nie zabieraj mu wolności.

I nie chwal innych mężczyzn, podając mu ich za pozytywny przykład. I nie każ mu spełniać twoich ambicji. Przypomina mi się taki związek: ona wymyśliła sobie, że miarą jego sukcesu życiowego będzie napisanie książki. Bo kiedy go poznała, zakochała się w jego uzdolnieniach literackich. Fascynowało ją, że pięknie mówił i pisał. Później on zarzucił twórczość i zajął się zupełnie czymś innym. Ona jednak ustawicznie wierciła mu dziurę w brzuchu: „Napisałeś coś dzisiaj?". Jej się wydawało, że w ten sposób go mobilizuje, a on czuł się osaczony i niedowartościowany. To również jest pewna forma wychowywania: przypominanie mężowi o czymś, czego nie zrobił, jak małemu dziecku o odrabianiu lekcji.

A najczęstszy grzech łóżkowy?

„Zostaw mnie w świętym spokoju! – wypowiedziane z miną cierpiętnicy. – Nie widzisz, że jestem zmęczona?!". To jedno zdanie może stanowić początek kryzysu. Odmowa nie może być odrzuceniem. Odmowa musi być przekonująca.

Czyli?

„Wiesz, jestem taka zmęczona, kompletnie nie mam siły". Albo: „Bardzo bym chciała, ale jestem dzisiaj zbyt zmęczona". To brzmi zupełnie inaczej, prawda? Ona ma prawo być zmęczona, a on to zrozumie.

Gdybym miał jeszcze coś podpowiedzieć paniom, to: pozwólcie czasem swoim mężczyznom być trochę dziećmi. Nie za dużo, tak w sam raz. To bardzo ważne. Nie zżymajcie się na nich, jeżeli kupią sobie kolejną płytę DVD czy grę komputerową. Chyba że budżet domowy jest obciążony – to wtedy co innego.

I kolejna rada: nie dawajcie nigdy odczuć, że lecicie na kasę. To typowy kobiecy grzech w związkach, gdzie występuje spora różnica wieku. Jest to bardzo źle przez mężczyzn przyjmowane. On, starszy, chce mieć pewność, że jej nie zależy na jego pieniądzach, tylko na nim. Nawet jeżeli jest zamożny. Najbardziej jaskrawo przejawia się to w momencie, gdy jego dopada jakaś zapaść finansowa, a ona się wtedy wyraźnie oziębia, okazuje rozczarowanie.

Teraz następny problem. Od jakiegoś czasu słyszę w mojej praktyce powtarzający się zarzut: „On mnie nie rozumie". Co to właściwie znaczy „rozumieć"? Na podstawie rozmów, jakie toczą się w moim gabinecie, wyciągam wniosek, że oznacza to ni mniej ni więcej, jak tylko: „Myśl i czuj tak jak ja". Bycie rozumianą w oczach wielu kobiet wiąże się z tym, że mężczyzna musi przyjąć rolę innej kobiety – jej siostry, przyjaciółki, klona, kobiety bis. To niesłychanie niebezpieczne dla związku. Okazuje się, że upodobnienie psychiczne partnerów, zlanie się ich osobowości w jedną prowadzi do zaniku wzajemnej atrakcyjności oraz do spadku pożądania i namiętności. Pociąga nas bowiem inność, a nie tożsamość. Dlatego lepiej, żeby panie nie prosiły Boga o rozumiejących wszystko mężów, bo jeżeli spełni się ich życzenie, w łóżku nic się nie zadzieje. Mężczyźni są zdolni do empatii, ale nie do zrozumienia kobiety. Jeżeli zaś ją zrozumieją, tak jak by ona chciała, stracą natychmiast swoją atrakcyjność i indywidualność, a erotyzm w związku zaniknie.

Przypomina mi się piosenka Jana Kaczmarka: „Ona go nie rozumie i wcale ze sobą nie śpią"...

Poczucie niezrozumienia jest powszechnie spotykane. W restauracji przy co drugim stoliku słychać takie słowa. Kobiety nieustannie apelują do mężczyzn: „Zrozum mnie, zrób coś". Ten apel przeważnie jest nieskuteczny. Pozostaje więc niezrozumiana w świecie własnego „ja". Czuje się nieszczęśliwa – i koniec. Może dojść do wniosku, że mężczyźni są niezdolni do rozumienia kobiet. W każdym razie cierpi. Szuka więc zrozumienia u przyjaciółek. I tutaj, ponieważ każda z nich czuje się niezrozumiana, podbijają bębenek w swoim gronie. I kręci się kółko. One się wzajemnie rozumieją, a są niezrozumiane przez mężczyzn.

A nie można po prostu przyjąć, że całkowite zrozumienie jest niemożliwe?

To byłaby najlepsza z opcji. Niestety, takie kobiece spotkania z narzekaniem zza kawiarnianego stolika mogą przybrać charakter walki płci. Poczucie, że nie jestem zrozumiana, może prowadzić do słynnego trójkąta dramatycznego.

„On mnie nie rozumie, ale znajdzie się taki, który mnie zrozumie". Typowe zachowanie w romansach. Kochanek czy kochanka to są ci rozumiejący. I faktycznie – chcąc nie chcąc – odgrywają rolę rozumiejących. Chwilowe zwycięstwo jest zrozumiałe: urok nowości, seks ciekawy, bo inny. Ale później, kiedy romans przeobraża się w stały związek, zrozumienie zanika.

Ale może jednak da się coś zrobić, żeby partner przynajmniej częściowo zrozumiał...

Ćwiczymy to podczas terapii. Podam przykład: jeśli kobieta właśnie w tej chwili siedzi smutna, bo szefowa ją źle i niesprawiedliwie potraktowała, to przyjaciółka doskonale ją zrozumie, obejmie, pocierpi wraz z nią. Mężczyzna inaczej. On będzie próbował przeprowadzić śledztwo: czy zachowanie szefowej było słuszne, czy nie ma do jego partnerki uprzedzeń, co właściwie takiego się stało, a może ktoś tutaj przesadza. Często w terapii muszę tłumaczyć mężczyznom, że to, co dla nich może być banalną sprawą, dla kobiety wcale takie nie jest. Partner musi zobaczyć skalę problemu. Podczas terapii ona powinna mu dać do zrozumienia, że wtedy, gdy cierpi, nie chce porad, analizowania i interpretacji, tylko pragnie, aby on przy niej usiadł, objął, pożałował i stanął po jej stronie, a nie szefowej.

Mąż mojej koleżanki pyta w takich sytuacjach: „Poradzić czy współczuć?".

Bardzo słusznie. Dopiero po objęciu i pożałowaniu można temat omówić racjonalnie – jak postępować z szefową, jak ją traktować, czy może się zwolnić, czy się zdystansować.

Kolega z pracy powiedział mi, że ładnie wyglądam. Opowiedziałam o tym mojemu partnerowi, a jemu zrobiło się przykro. Gdzie popełniłam błąd?

Nie doceniła pani tego, że mężczyzna chce się czuć opiniotwórczy dla kobiety. Czyli jeżeli mówi: „W tym stroju jest ci dobrze, świetnie wyglądasz w tej fryzurze i sukience", to niech partnerka reaguje tak, żeby on miał poczucie, że ona liczy się z jego zdaniem, a nie ze zdaniem innych. Jeżeli więc para wychodzi wieczorem do kina, a on ją uwielbia w błękitnej sukience, niech ona ją założy. A ona nie.

A ona zakłada spodnie.

On wtedy widzi, że ona – owszem – stara się ładnie wyglądać, długo stoi przed lustrem, przymierza kolejne ciuchy, ale nie te, na których by mu zależało. Żeby nie zrobić mu przykrości, wystarczy powiedzieć: „Wiem, że lubisz moją błękitną sukienkę, ale mnie się już ona znudziła, będę się w niej źle czuć, więc założę ją innym razem". To całkiem coś innego niż całkowite zbagatelizowanie jego zdania. Partnerka podkreśla, że wie, jakie on ma upodobania, ale dzisiaj akurat wolałaby wywalczyć coś innego.

Albo taki dialog, zresztą powszechny – ona: „Muszę się odchudzić!", on: „Nie, wyglądasz ładnie", ona: „Ale ja muszę się odchudzić!", on: „Ale dlaczego, przecież wyglądasz ładnie". On po takiej rozmowie nabiera przekonania, że jego zdanie się nie liczy, bo ona nie bierze go pod uwagę.

Kolejny błąd, czyli zaniedbanie. Jeden z moich pacjentów poznał swoją żonę jako atrakcyjnie ubraną kobietę w nienagannym makijażu. Są dwa lata po ślubie, związek ocenia jako udany, gdyby nie to, że ona, wychodząc z domu do pracy, robi się na bóstwo, a wracając, natychmiast zmywa makijaż, mówiąc, że nie chce sobie niszczyć cery. Zakłada też inne ubranie, bo w domu pragnie się czuć luźniej i nie być niczym skrępowana. Gdy powiedział żonie, że potrzebuje tego jej opakowania i że ono mu się podoba – wyśmiała go. Zarzuciła mężowi, że ceni jedynie powierzchowność, a nie jej wnętrze. Niestety, problem atrakcyjności fizycznej w domu jest zanadto bagatelizowany. Ileż to razy słyszałem: „Jak mnie kocha, będzie mnie też kochał w brudnym podkoszulku". Otóż, nie. Jest naturalną koleją rzeczy, że w okresie tańca godowego eksponujemy swoje atuty i pokazujemy się z jak najładniejszej strony, dotyczy to również kwestii doboru ubiorów. Tyle tylko, że to nie może mieć jedynie odświętnego charakteru. Uważam, że oddzielanie elegancji na zewnątrz od swobodnego bycia w domu (dresy i dziurawe skarpety) uderza w dobro związku. Większa troska o wygląd na pokaz w porównaniu z tym, jak kobieta prezentuje się w domu, sprawia nieodparte wrażenie, że nie zależy jej już na osobie partnera. Ważniejsze bowiem okazuje się oddziaływanie na innych. Nasza atrakcyjność erotyczna wynika z umiejętności podobania się, budzenia podniecenia i fakt, że mieszkamy razem, wcale nas od tego nie zwalnia. Mężczyźni nie lubią, gdy kobieta stroi się dla świata, a nie dla nich.

Pan uparcie powtarza w książkach i wywiadach: mężczyznę trzeba pochwalić.

Tak, raz w tygodniu pochwała.

Nawet jeśli nie zasłużył?

Coś się zawsze znajdzie, choćby drobiazg. Raz w tygodniu pochwała musi być!

Mężczyźni potrzebują tego bardziej niż kobiety?

Pozornie udają, że nie, ale bardzo im na tym zależy. No bo częściej i tak słyszą krytykę: „Obrus poplamiłeś, zakupy bez sensu zrobiłeś, spóźniłeś się" itd. Są tacy, którzy w geście samoobrony wymieniają swoje zalety, np. „Nie palę, nie piję, pomagam w domu, zarabiam dużo". Wszystko prawda, ale to jeszcze nie kreuje ich autorytetu w oczach kobiet.

Skarżą się na to? Na taką krytykę?

Och, proszę pani, to najczęstsza skarga: „Ona mnie bez przerwy krytykuje".

Z czego wynika ta ciągła krytyka?

Wracamy do grzechu pierwszego: z potrzeby wychowania sobie mężczyzny. Partner musi być ukształtowany maksymalnie na jej modłę. Tak ona sobie go wyobraża. On rzadko może sprostać tym oczekiwaniom. Drogie panie, nie przesadzacie więc z tą krytyką, bo inna go pochwali...

To teraz zajmijmy się panami. Co byłoby na pierwszym miejscu na takiej niechlubnej męskiej top liście?

Zaniedbywanie adoracji, która powinna towarzyszyć związkowi przez cały czas.

A przez adorację rozumiemy?

Podziwianie jej kobiecości, komplementy, mówienie miłych słów: „Podobasz mi się, jesteś ładna, masz piękne ciało...". Następnie wyznania czułości, wyznania miłości. Mężczyźni często zapominają, że kobiety chcą to słyszeć, że im nigdy nie jest dosyć zapewnień: „Kocham cię, jesteś jedyna". Wtedy nie będą płakały podczas piosenek o miłości. Okres uwodzenia powinien trwać nieustannie, kobietę zawsze należy podrywać. Zarówno w postaci adorowania, wyznań miłości, jak i umiejętności bycia kimś niepowtarzalnym i jedynym w jej oczach. Bardzo ważne jest również to, żeby w miarę upływu lat on ciągle podkreślał jej atrakcyjność, by miała poczucie, że mając lat 40, 50 i więcej, jest dla niego cały czas najlepsza na świecie.

No i pieszczoty nie jako element gry wstępnej, tylko pieszczoty dla pieszczot po prostu. One nie muszą się kończyć seksem – mężczyźni nie doceniają, że przytulenie czy powiedzenie miłego słowa to inwestycja w wieczorny seks, która działa skuteczniej niż wymyślna gra wstępna już w łóżku. Zwykle jest tak, że w początkowej fazie związku panowie się starają, a później przestają. Kobiety potrzebują pieszczot i czułości niezależnie od zbliżeń. Panowie, namawiam: często i długo pieśćcie swoje żony. Jeszcze i jeszcze.

Następnym męskim grzechem jest zapominanie o bodźcach. Nuda, nic się nie dzieje, każdy dzień mija tak samo. Jemu to nie przeszkadza, uważa, że tak jest w porządku. Panowie, trochę fantazji – kino, spacer, teatr, kawiarnia. Podobnie jak z monotonną sztuką miłosną. Najgorzej, kiedy jest przewidywalna w każdej sekundzie – ona wie, że on teraz przestanie pieścić jej piersi i wsunie członka. A może by zrobić odwrotnie?

Nie ma w mężczyznach ochoty czy umiejętności do wytworzenia miłosnego seksownego nastroju. Samo kładzenie ręki partnerki na swoim członku w erekcji i wypowiedzenie zdania: „Zobacz, maleńka, jak na mnie działasz" – nie jest dla kobiety wystarczającą pokusą. Mężczyzna powinien inicjować kontakt seksualny, ujawniać chęć na seks, wyczuwać nastrój partnerki i się domyślać, kiedy ona ma potrzebę kochania się. Prawie wszystkie badane kobiety uznają, że od mężczyzny zależy stwarzanie miłego nastroju i to na wiele godzin przed zbliżeniem, a nie tuż przed. Inicjowanie seksu powinno polegać na mówieniu miłych słów, objęciach, pocałunkach, a dopiero później na bardziej intymnych sytuacjach. Dlatego, jeżeli mężczyzna zaplanował sobie wieczorny seks, powinien się o niego starać od samego rana. Jeśli myśli, że nastrojowa muzyka i kilka ciepłych słów wypowiedzianych na parę minut przed zaciągnięciem kobiety do łóżka są w stanie wprawić partnerkę w miłosny nastrój – jest w sporym błędzie.

Kochanek idealny powinien zaskakiwać. Ale nie tylko przez jeden wieczór. Zaskakiwanie powinno być długotrwałe i rozłożone w czasie. I wcale nie muszą to być drogie prezenty. On może się nauczyć dla niej dobrze tańczyć albo zabrać ją w oryginalne miejsce. Sprawdzają się klasyczne sposoby: dobry film, kolacja przy świecach, zwłaszcza jeżeli on coś ugotuje. Ideał zna oczekiwania kobiety.

Kolejny męski błąd to brak rozmowy z partnerką. Niestety wielu panów uważa, że to takie babskie gadanie, że jest bez sensu i lepiej niech ona porozmawia sobie z koleżanką.

Czy powinien wysłuchiwać, nawet jeżeli go trochę nudzi?

Tak, niech słucha!

„Podoba ci się ta sukienka? A te buty? Jak wyglądam w tej bluzce?".

Tak, tak, po trzykroć tak. Ważne, żeby kobieta czuła, że on jest nastawiony do niej pozytywnie. Mężczyźni, podobnie jak kobiety, nie są też zbyt gorliwi w chwaleniu. A wystarczy nie zapomnieć powiedzieć np.: „Świetna ta zupa". Dobrze by było nie zjadać zupy bez słowa, a potem zaraz zabierać się do czytania gazety. To niby drobne rzeczy, ale są one solą dla związku.

Jak kochamy

Żyjemy w dziwnej kulturowej dysocjacji w traktowaniu miłości. Z jednej strony wymagamy od miłości, żeby nas uwznioślała i dostarczała nam samych przyjemności, zarówno w sferze psychologicznej, jak i fizycznej. Ma być źródłem szczęścia, radości, uczuciem wiecznym, trwałym, bogatym we wspaniałe doznania. Z drugiej strony wiemy, że miłość niesie wiele konfliktów, cierpień, kryzysów, nieporozumień, często na tle charakterologicznym, seksualnym. I zbyt często traktuje się to jako koniec miłości. A przecież czasem konflikt może być wyrazem miłości na wyższym poziomie, stanowić sygnał dla zakochanych, że stanęli w obliczu nowych zadań, wyzwań.

Fenomen ludzkich uczuć wyraźnie podkreśla ich dwubiegunowy charakter. Nie potrafimy jednak płynnie i ze zrozumieniem balansować między tymi dwiema skrajnościami. Wiele osób w momentach szczytowego szczęścia odczuwa niepokój, że to wszystko może się skończyć, że partner zmieni się na gorsze.

Miłość to nie tylko uczucie, to coś głębszego: stan, określona postawa wobec drugiej osoby, której przecież towarzyszą sytuacje konfliktowe. W psychoanalizie, cokolwiek byśmy o niej myśleli, istnieją pojęcia Eros i Tanatos – dwóch biegunów życia psychicznego. Biegun szczęścia i biegun cierpienia towarzyszą miłości macierzyńskiej, seksualnej, partnerskiej, ojcowskiej. W psychoterapii małżeńskiej dostrzeżenie tego faktu bywa nieraz szokujące. Ostrzegam przed patrzeniem na miłość przez różowe okulary. Dostrzeganie w niej tylko pozytywnego bieguna stanowi zagrożenie dla niej samej. Rodzi to bowiem konkretne oczekiwania i nastawienie, że „ma być fajnie". Każde negatywne przeżycie jest utożsamiane z brakiem lub zanikiem miłości.

Nawet w dobrym, kochającym się związku istnieje coś takiego, jak poczucie osamotnienia w miłości. „Kochamy się, ale mimo to czuję się osamotniona" – słyszę często w swoim gabinecie. Ludzie uważają, że będąc z kimś związanym, nie mają prawa odczuwać samotności. A nawet największej miłości może towarzyszyć poczucie osamotnienia. I nie ma w tym nic złego ani nienormalnego czy dyskredytującego jakość uczucia między tymi ludźmi. To poczucie zależy bowiem od indywidualności danego człowieka, bogactwa jego osobowości. Może być kolejnym etapem w rozwoju psychicznym danej osoby. Często więc poczucie osamotnienia jest mylnie interpretowane jako konsekwencja bycia w nieudanym związku, podczas gdy mamy do czynienia po prostu z ewolucją osobowości. Czasami więc, kiedy współpartner/współpartnerka słyszy wypowiadane w jego obecności zdanie: „Czuję się osamotniony(a)", może przeżyć szok i zadawać sobie pytanie, z czego to osamotnienie wynika. Powtarzam więc: nie musi to mieć żadnego związku z wygaszaniem czy brakiem uczuć do drugiej osoby. Bo miłość to umiejętność pogodzenia JA z MY. A związek dwojga osób nigdy nie jest w stanie pozbawić ich cech indywidualnych, tylko im właściwych.

Miłość nie jest stanem nirwany lub ekstazy, tak nierozłącznego stopienia dwojga osób, że ich indywidualności są wyeliminowane. Miłość to raczej federacja o sporym zakresie autonomii dla każdej z osobowości.

W miłości nie można zniknąć, unicestwić się, lecz należy wzrastać, a samotność jest szansą tego samorozwoju. Dzięki niej można budować świat własnych myśli i wrażeń, zdolność do konfrontacji, refleksji. Samotność powinna uświadomić własną niepowtarzalność, jedyność, odmienność, ale jednocześnie wzbudzić pragnienie otwarcia się, wyjścia ku drugiej, równie niepowtarzalnej osobie.

Tymczasem my jesteśmy z góry nastawieni na przedłużanie przyjemności, na bezustanne jej otrzymywanie. W wielu związkach słyszy się np. o tym, co druga osoba powinna nam dać. Jest to cała lista oczekiwań – brakuje natomiast istotnej deklaracji: co ja, jako druga strona związku, mogę od siebie ofiarować. Stąd także bierze się bezradność w sytuacjach konfliktowych, bo – skoro miało być tak pięknie – nie jest się przygotowanym na to, że wcale tak świetnie się nie układa. Jedną z często stosowanych taktyk jest także unikanie, omijanie sytuacji konfliktowych lub ich bagatelizowanie. Tymczasem powinno się je wspólnie omówić i poszukać strategii ich przezwyciężenia.

Jedna z koronnych zasad jest taka: „Nie pielęgnuj w sobie gniewu do partnera. Najlepiej jak najszybciej go rozładuj". Gniew nie powinien się przedłużać, bo ma bardzo destrukcyjny wpływ na stan zdrowia. Jeśli jesteśmy zagniewani i wrogo nastawieni do partnera, to zła chemia w naszym organizmie działa na naszą niekorzyść. Wydzielają się hormony stresu i ciało nasyca się gniewem. Z punktu widzenia fizjologii to bardzo niedobry stan. Bo jeżeli w gniewie zasypiasz, nie wypoczniesz. Gniew rozstroi twój organizm. Dlatego wszystkim parom radzę: zasypiajcie wtedy, kiedy rozładujecie swoje negatywne emocje.

I to nawet nie ze względu na partnera: pomyślcie o sobie, o swoim zdrowiu. Najzupełniej egoistycznie.

Często pytają mnie ludzie, co to właściwie jest ta miłość. Nikt tego nie wie na 100 proc. Bo też miłość jest wieloznaczna i sprytnie umyka wszelkim definicjom oraz określeniom. Może być to miłość od pierwszego wejrzenia, miłość romantyczna, ale na miłość także składają się przecież pożądanie, zauroczenie, fascynacja, przyjaźń, poświęcenie, namiętność, wzajemne dobro.

Naukowcy podkreślają, że elementy, które są uniwersalne, w przypadku gdy mówimy o miłości, to: integralność rozumiana jako podobieństwo do drugiej osoby, świadomość udziału w wartościach partnera, potrzeba dawania, dwubiegunowość, czyli bycie raz szczęśliwym, a innym razem nieszczęśliwym.

Oraz przekonanie, że miłość podlega ewolucji: zmienia się w miarę upływu czasu, rozwoju osobowości, wymaga ciągłego dialogu, współpracy i poświęcenia.

(Zbigniew Lew-Starowicz, „O miłości")

Rozdział IX

Klub szczęśliwych żon

Fawn Weaver, zwykła amerykańska żona, pewnego dnia zbuntowała się przeciwko negatywnym przekazom dotyczącym małżeństwa. Powiedziała: „Ale ja nie chcę słyszeć o tym, że kobiety są nieszczęśliwe w małżeństwie, chcę założyć klub szczęśliwych żon". Założyła i na Facebooku ma już prawie 900 tysięcy członkiń z całego świata. Objechała mnóstwo krajów i porozmawiała z tymi, które po 25 latach życia w związku nadal są szczęśliwe. Napisała o nich książkę.

Szczęśliwy związek to nie jest tylko utopia. Chodzi o to, że szczęśliwi się nie pojawiają w mediach, szczęśliwi nie piszą książek, o szczęśliwych nie robi się filmów. Zewsząd na ogół wyłania się obraz związków raczej nieszczęśliwych, dysfunkcjonalnych, zaburzonych.

Mówi się o statystyce rozwodów, ale przecież jest to równocześnie statystyka udanych związków. No bo zastanówmy się: rocznie rozwodzi się 60 tysięcy par. Tak, tylko że Polska to prawie 40-milionowy kraj, więc czym jest 60 tysięcy rozwodów w stosunku do całej populacji? Pesymiści na to odpowiedzą: reszta się nie rozwodzi, bo nie mają możliwości, mężczyźni zniewolili partnerki, szantażują je, uzależniają od siebie, a kobiety nie mają dość odwagi, żeby odejść. I powstaje czarna wizja, że większość ludzi ma nieudane związki, zadowolonych jest malutka grupa. A są zadowoleni, bo są głupi, albo mają bardzo małe wymagania, albo zadowolenie wynika z nieświadomości. Natomiast moja teza jest taka, że nawet wzrastająca liczba rozwodów wcale nie oznacza, że mamy coraz mniejsze szanse na udany związek. Może rozwodnicy po prostu szukają możliwości udanego związku. Oczywiście mogą popełniać błędy, może rozstają się z niedojrzałości. Ale to nie znaczy, że rezygnują z szukania szczęścia. Znam związki, które się rozleciały, partnerom nie było z sobą po drodze, przyznali się do porażki, ale zostali przyjaciółmi. Statystyk rozwodowych nie należy więc widzieć tylko z takiej perspektywy, że wzrastają patologia i egoizm.

Nie ma w panu zgody na monogamię seryjną?

Bo nie jesteśmy monogamiczni – ani mężczyźni, ani kobiety. Jeden związek do końca życia to rzecz wspaniała i przyklaskuję takim parom, ale to niezwykle trudne. Związki rozpadają się, ale ci partnerzy znów tworzą nowe. Byleby te nowe związki były szczęśliwe.

Fawn Weaver wysnuła taki wniosek: jest 12 cech, które łączą wszystkie szczęśliwe małżeństwa. Jestem ciekawa, czy zgodzą się one z pańskimi obserwacjami. Na początku wymienia szacunek – to wiadomo. Każda z par powinna się szanować.

Zacznę od swojej kolejności. Tylko zapalę fajkę, można?

Bardzo proszę.

Pierwszy to na pewno fundament miłości, więzi uczuciowej. Ludzie mogą przeżyć wiele trudnych chwil, jeżeli łączy ich miłość. Pamiętamy z okresu wspomnień o okupacji: on został wzięty do oflagu, ale ona była w nim zakochana i czekali na siebie. To pozwoliło im przeżyć trudne chwile i motywowało do życia. Mówimy co prawda o sytuacjach skrajnych, ale świadomość, że jestem kochany/kochana, pozwala przetrwać trudne chwile życia codziennego, na przykład wtedy, kiedy dopadają nas niepowodzenia zawodowe. Znam parę, której fiskus zabrał dom – osiedli w mieszkanku na Ursynowie. To, że łączyła ich miłość, że się kochali, pozwoliło im przetrwać w małym pokoiku. Mimo że stracili dużo, ten związek nadal funkcjonuje dobrze.

Przyjaźń też jest bardzo ważna, bo to świetne porozumienie. Oboje wiedzą, że: „Mogę na tobie polegać, mogę ci ufać, zrozumiesz mnie, wychodzę naprzeciw, możemy usiąść, porozmawiać, otworzyć się, wiem, że ta druga osoba może mnie wesprzeć".

Trzeci element – niewątpliwie dobry seks, niezależnie od wieku. Nie można tego bagatelizować. Niedawno byłem na konferencji endokrynologicznej w Juracie. Mówiłem o namiętności, o pożądaniu, które w późniejszym wieku może się zmniejszać, ale cały czas jest ważne. Jeden z dyskutantów zaoponował, że przecież w starszym wieku ludzie są schorowani. To prawda, ale jeżeli minie kryzys chorobowy, to i tak nastąpi powrót do marzeń i chęci seksualnych. Generalnie libido i pożądanie są większe u mężczyzn i dla nich jest to ważniejsza sfera życia, dlatego to kobiety powinny się bardziej starać, żeby utrzymywały się one u obojga cały czas na podobnym poziomie. Jeżeli coś w tym kuleje, powinni naprawić tę sferę życia, bo seks stanowi bardzo silne spoiwo. Ukuto nawet takie trafne powiedzenie, że dla mężczyzn seks jest bramą dla uczuć i do relacji z partnerką, a u kobiet dobre relacje z partnerem są bramą do seksu.

Czwarty element to poczucie humoru, również – a może przede wszystkim – w sypialni. Aby seks nie był taki majestatyczny. Dobrze, jeżeli oboje mają pogodne usposobienie.

Piąty element to umiejętność radzenia sobie z konfliktami, których i tak nie brakuje. Sprawy konfliktowe należy rozstrzygać natychmiast, żeby nie zasypiać z uczuciem wrogości, złości.

Kolejny to uwzględnienie różnic płci i osobowości drugiej osoby, bo jesteśmy inni. Powinno nami kierować poszanowanie inności.

Ale bardziej jako wyrozumiałość niż brak krytycyzmu.

Tak. Fakt, że jesteśmy otwarci na inność partnera, nie może nam zamykać oczu na jego wady. Niedobrze być wpatrzonym w partnera jak w obraz. Inność może wynikać z różnic płciowych, z różnic wychowania, z różnic wyznaniowych. Rozumienie tej inności, wiary, przynależności narodowej czy światopoglądowej jest bardzo ważne.

Powinniśmy też znać potrzeby drugiej osoby, jej upodobania i móc je zaspokajać. Wyobraźmy sobie, że ona uwielbia filmy psychologiczne, on nie za bardzo, ale idzie z nią do kina. Tu kłania się umiejętność kompromisu – ty pójdziesz ze mną na mecz piłkarski, a ja z tobą na wernisaż.

Ważne jest również grono towarzyskie. Wsparcie przyjaciół to naturalne poszerzenie naszej wzajemnej relacji na inne.

Kolejna bardzo istotna kwestia: starajmy się zawsze znaleźć wolny czas dla siebie. Gdy partnerzy zanurzają się w pracoholizm, łatwo się rozejść w różne strony. Wspólne spędzanie czasu w Polsce nie jest trudne, bo akurat mamy bardzo dużo świąt. A poza tym można sobie urządzać randki z partnerem podczas lunchu, jeżeli pracują w różnych firmach. Umówcie się wspólnie w jakiejś knajpce.

Elementem wiążącym, który niestety zanika, jest taka prosta rzecz, kiedyś popularna: wspólne oglądanie zdjęć z tych okresów, które najbardziej łączyły partnerów. Jestem za tym, żeby robić odbitki na papierze i wkładać do albumu. Uruchamiamy wtedy pamięć emocjonalną. A pozytywne wspomnienia wywołują chemię.

I patrzymy na partnera trochę innym okiem? Bardziej pozytywnie?

Tak, bo przywołujemy wspomnienia dobrych chwil i już samo to powoduje przypływ dobrej energii. Niby nic szczególnego, bo przez pół godziny sobie siedzimy i oglądamy zdjęcia, ale w głowach sporo się dzieje. To scena często spotykana w wielu filmach. Jeśli ktoś zostaje sam i ogląda fotografie z przeszłości, przeważnie płacze. Więc może nie czekajmy do czasu, gdy trzeba będzie płakać, tylko pooglądajmy razem.

Dobrze, żeby w sprawach finansowych był konsensus. To zależy, jaki kto ma budżet, ale ważne jest, żeby każdy miał poczucie, że czymś może dysponować.

Każdy ma oddzielne pieniądze czy jedno wspólne konto? Jaki model wybrać?

Są związki, w których jedna osoba trzyma wszystkie pieniądze – i drugiej to odpowiada. Jednak wśród osób, które mają podobny poziom kwalifikacji i aktywności zawodowej, bardzo często się zdarza, że jest wspólna kasa, obejmująca czynsz, opłaty i raty, a dodatkowo każda z nich ma jeszcze coś dla siebie. Jest pula, którą mogą wydawać, na co im się żywnie podoba, i drugiej osobie nic do tego.

Wspólny front wychowywania dzieci?

Tak, ale z tym różnie bywa. Dzieciaki budzą w nas rozmaite emocje. Z zasady wyczuwają słabszą, bardziej uległą stronę i tam szukają ratunku w sytuacjach konfliktowych. Nie możemy być wtedy ich sojusznikami. Niedopuszczalna jest dyskusja rodziców: „Za często karzesz dzieci" w obecności dziecka. Takie rozmowy załatwia się w cztery oczy i dzieci powinny widzieć, że rodzice tworzą wspólny front.

Mogą się nie zgadzać, ale...

Mama powiedziała: „Nie", tata też mówi: „Nie". A później mama może z tatą porozmawiać na osobności i powiedzieć mu z wyrzutem: „Coś ty zrobił!".

W którym momencie omówić sprawy fundamentalne, czyli czy chcemy mieć dzieci i jak dzielimy pieniądze? Po ślubie? Przed ślubem?

Zawsze najlepszy jest moment w okresie tańca godowego. Wówczas, gdy jesteśmy sobą zafascynowani i zależy nam na akceptacji, łatwiej możemy osiągnąć porozumienie. Czyli np. ona mówi: „Chcę mieć jedno dziecko", a on: „A ja chcę mieć trójkę". Szybko się dogadają, że dwoje dzieci to optimum. I nie należy robić tego później, kiedy pierwsza fala fascynacji opadnie i pojawi się trochę więcej egoizmu.

A pieniądze?

Wie pani, są pewne rzeczy, które można zaprojektować, ale pewnych nie da się ustalić. Jeśli są młodzi, nie mają jeszcze pracy, to co mogą przewidzieć odnośnie pieniędzy? Ta kwestia jest do ustalenia dopiero wtedy, gdy już wiadomo, na czym się stoi.

Autorka *Klubu szczęśliwych żon* przestrzega także przed układaniem sobie w głowie tzw. planu B, czyli „jak mi się nie spodoba, to odejdę". Twierdzi, że to zatruwa związek i że nikt nie powinien budować sobie planu B, tylko rozbudowywać plan A, czyli bycie razem.

Zgadzam się, ale przeformułowałbym to tak: jeżeli mi się nie uda, postaram się zmienić to, co jest złe. Natomiast przestrzegam przed budowaniem życia na tej jednej, jedynej osobie. Pod hasłem: „Jeżeli nie ty, to już koniec ze mną". Dlatego każdy z nas musi mieć silne swoje „ja", żeby przetrwać np. utratę partnera i mimo wszystko żyć dalej bez niego.

Czyli skupiamy się na relacji, a nie na osobie. Warto budować relację, natomiast nie warto uważać, że bez tej osoby już sobie nie poradzimy.

Bo to jest bardzo trudna rzecz. Niech pani sobie wyobrazi, jaki ciężar spoczywa na osobie, która zostaje do takiego niewolnictwa sprowadzona. Jeżeli umrę, to co? Albo chcę odejść, bo jednak nie udała się żadna metoda naprawy związku, ale mam świadomość, że dla drugiej osoby to będzie koniec. To co, tkwimy w związku tylko z litości? Musimy mieć siłę wewnętrzną, pewną dozę samowystarczalności, żebyśmy nie byli uzależnieni, czyli wariant B w tym przypadku polegałby na: „Mogę bez ciebie żyć, chociaż tego nie chcę".

A co ze światopoglądem? Lepiej mieć zbliżony czy ciekawiej jest różnić się w tym względzie?

Podobny światopogląd jest czynnikiem spajającym i parę ateistów, i ludzi głęboko wierzących. Mają dodatkowy wspólny mianownik. A jeżeli jedno wierzy i praktykuje, a drugie jest zawziętym antyklerykałem, to już jednego wspólnego mianownika brakuje. Nie dojdzie do dramatycznych dyskusji, pod warunkiem że mają do siebie szacunek.

W budowaniu relacji pomaga wymiar duchowy człowieka, na który składa się nie tylko jego religijność. Oczywiście, nie mówię o religijności w sensie rytualizacji: co niedzielę chodzimy do kościoła.

Ale jest to rytuał spajający?

Owszem, jeżeli później zjemy wspólny obiad. Wśród zaawansowanych grup katolickich funkcjonuje pojęcie domowego Kościoła. Znam katolickie małżeństwa, które wspólnie czytają Biblię i odmawiają różaniec. To faktycznie jest czynnik mocno spajający i nie można go sprowadzać tylko do rytuału. Oni naprawdę przeżywają wiarę. Przyzna pani, że w takim związku skok w bok jest jednak trochę mniej prawdopodobny.

A wręcz nawet nie na miejscu.

W każdym razie trudniej to zrobić, mimo że pokusy czekają na nich takie same jak na innych. Niestety, w niektórych związkach z wymiaru duchowego robi się system kontroli. „Nie idzie do komunii, nie był u spowiedzi"... Czyli coś ma na sumieniu. No i zaczynają się podejrzenia.

Wspomniał pan o pokusach. Jak tu nie ulec...

Niektórzy pokusie urywają łeb na początku. I to dobra strategia. Tak więc w punkcie startu pokusy jeszcze możemy sobie dać z tym radę, potem będzie bardzo trudno.

Pokusa ma to do siebie, że jest atrakcyjna, nowa, posiada swoją dynamikę. Później przeradza się w fascynację. O tej osobie się myśli, fantazjuje, ale na tym etapie wciąż jeszcze panujemy nad sobą. Jednak już pierwsza wspólna kawa to duży krok naprzód, bo na tej kawie może się dużo stać. Może zjawić się poczucie, że jesteśmy sobie bardzo bliscy. Fascynacja wzrasta. Rodzi się wtedy przekonanie, jakbyśmy się znali od dawna. Nie można o sobie zapomnieć. Narasta chęć kolejnego spotkania. A później traci się kontrolę, płomień namiętności zaczyna buzować. Nieraz ludzie pięknie opowiadają o takim stanie. Spotykamy na przykład kogoś, kto jest klonem naszego partnera czy partnerki. Tylko że o 20 lat młodszym... I co dalej? Te fascynacje mają powtarzający się scenariusz.

Stale mi się przypomina pewna historia. Miałem pacjenta, któremu zawsze podobały się kobiety w sukienkach, a swoją żonę poznał podczas ciepłej wiosny. Panowała wtedy moda na sukienki w kwiaty – pięknie w tym wyglądała... Później zaczęła chodzić w spodniach. I pewnego dnia on spotyka kobietę w takiej właśnie sukience. Był nią bardzo zafascynowany. A wydawałoby się, że to drobnostka: sukienka w kwiaty. Jakie jest wyjście? Niech partnerka przynajmniej raz na pewien czas znowu pojawi się w jego ulubionej sukience. Taki drobiazg może odrodzić związek. To rada dla tych, którzy czują, że w ich związku pojawiła się pokusa. A zawsze się pojawi.

Czy druga osoba zawsze czuje szóstym zmysłem, że jej związkowi grozi pokusa? Co powinna zrobić? Przeczekać czy działać?

Reagować.

Jakie działania pan proponuje?

Na pewno nie foch, tylko szybkie związanie z sobą. Czyli: robimy razem coś fajnego. Idziemy do kina, zamiast kłaść dzieci wieczorem do łóżka albo odrabiać z nimi lekcje. Niech dostaną gorszą ocenę, świat się nie zawali. Ale para na pewno powinna wyjść gdzieś razem.

I seks wspaniały.

Tak, serio. Zresztą w udanych związkach istnieje coś takiego jak telepatia – szybko orientujemy się, że druga osoba jest pod czyimś wrażeniem. Wraca z pracy do domu odmieniony albo odmieniona, bo świetna koleżanka lub ekstra kolega pojawili się w pracy. Niedawno pacjentka mi powiedziała: „Mój nowy szef jest fantastyczny. Wspaniały mężczyzna".

A pan już wie, o co chodzi?

Owszem. Szef też zwrócił na nią uwagę i ona też już wie, o co chodzi. Ale w tym przypadku jeszcze może coś z tym zrobić. W sytuacjach pokusy powinniśmy mieć mechanizmy, które nas blokują. Jednym z testów, znanych uwodzicielom, jest wymiana numerów telefonów przy pierwszym spotkaniu. Jeżeli ona nie odbiera od niego telefonu następnego dnia, to znaczy, że przemyślała sytuację. Była pokusa, zaiskrzyło, ale pomyślała sobie, że nie warto, że nie chce się w to pakować, chociaż byłoby miło. Więc jaki wniosek wyciągają z tego uwodziciele? Idą na całość – i to natychmiast, bo jutro może być za późno.

Rozdział X

Kiedy iść na terapię?

Ciągle się kłócimy, przestaliśmy ze sobą sypiać, on/ona ciągle mnie denerwuje, nie chce mi się wracać po pracy do domu – czy to już powód, żeby iść na terapię?

Przede wszystkim nie zawsze potrzebne jest leczenie czy długotrwała terapia. Nieraz wystarczy po prostu poradnictwo. Słowo „leczenie" ma większy ciężar gatunkowy, od razu wydaje się, że chodzi o jakąś patologię. Poradnictwo stanowi formę lżejszą: para uczy się np. jak dobrze się kłócić, i to im wystarczy. Rada jest łatwiejsza do strawienia, a często po prostu wystarczająca. No i dlatego warto z poradnictwa korzystać. W końcu profesjonaliści od relacji międzyludzkich w związkach poruszają się po znanym sobie świecie, a często te kłopoty są przecież powtarzalne.

Zdarza się – i mówię to z pełnym poczuciem odpowiedzialności – że nieraz po jednym spotkaniu w związku następuje metamorfoza. Dosłownie. Wystarczy ujawnienie problemu, który został zakamuflowany albo wyparty, np. przenoszenie stresu z pracy do domu. Albo niemówienie wprost o oczekiwaniach wobec seksu. Ostatnio przyszła do mnie niesłychanie skonfliktowana para. Okazało się, że nie byli małżeństwem, w ogóle nie było tam mowy o małżeństwie, bo on przyjął to za sprawę oczywistą: jest im dobrze, tworzą szczęśliwy związek – wcale o ślubie nie myślał. Z kolei dla niej ślub był ważny – bo rodzice, znajomi. Mieli też wspólne dziecko, więc w jej odczuciu problem narastał. Raz zapytała o ślub, a on zbagatelizował tę sprawę. Była coraz bardziej nieszczęśliwa. Kiedy porozmawiali na ten temat przy mnie, problem minął. On jej wytłumaczył: „Trzeba było mi powiedzieć, że to jest dla twojej rodziny i przyjaciół tak ważne. Ja tam mogę iść do ołtarza i dla mnie nie stanowi to żadnego problemu. Nie ma sprawy, jutro bierzemy ślub".

Czyli zamiast długotrwałej terapii taki mały pstryczek – i już po kłopocie?

Tak. Może być psychoterapia krótkoterminowa, w zasadzie poradnictwo ograniczające się nawet do kilku wizyt. Najczęstszym modelem w moim gabinecie jest terapia, która obejmuje 10–20 wizyt. I trzeci model, najrzadziej praktykowany – ponad 20 spotkań.

Czy często pary przychodzą za późno?

Zdarza się, że przychodzą za późno po to, żebym tylko utwierdził ich w przekonaniu, że nie ma wskazań do terapii, czyli kiedy np. jedna ze stron żyje już w drugim związku. Gdyby przyszli rok czy dwa lata wcześniej, dałoby się pewnie małżeństwo uratować.

Można się obudzić pewnego dnia i uświadomić sobie, że nie kocha się już swojego partnera?

No niestety. Bywa tak, że partner/partnerka gdzieś wyjeżdżają i druga strona nagle sobie uświadamia, że pierwsza myśl, jaka jej przychodzi do głowy, brzmi: „O, jak cudownie! Co za ulga! Jak mi jest teraz dobrze!". Najczęściej jest to wynik długo tłumionych emocji. Unikali kłótni, problemy nie były rozwiązywane, tylko zalegały, zalegały, zalegały... No i można się obudzić z uczuciem, że to już koniec.

I wtedy trzeba iść na terapię?

Tacy ludzie zwykle do mnie nie trafiają. Chyba że druga strona nie może się pogodzić z końcem związku i uważa, że jeszcze może coś uratować: „Niech pan ratuje, bo mnie nie pożąda, nie chce ze mną już być, a może coś się jeszcze uda zrobić". Zależy od tego, czy w tym związku tkwią jakieś rezerwy. Czy jeszcze jest coś, czy do czegoś można się odwołać? Jakiś funkcjonujący fundament tego związku?

Jak się bada rezerwy?

To są długie rozmowy z obojgiem partnerów na różne tematy. Kiedyś okazało się, że fundamentem – rezerwą – w jednym związku było pochodzenie z tego samego miasta. Chociaż brzmi to dziwnie, ale ich związek opierał się właśnie na tym. Można to zrozumieć. Obydwoje przyjechali do Warszawy z małego miasteczka, bardzo długo czuli się w stolicy zagubieni, w zasadzie do końca się do niej nie przystosowali. Mieli pracę, mieszkanie, ale Warszawa wciąż była dla nich obca. Do tego doszedł kryzys w związku. On powiedział, że to koniec, ona chciała jeszcze kontynuować. Udało się związek odbudować na zasadzie miłości do ich miasta pochodzenia. To było małe, przepiękne zresztą miasteczko, do którego wracali wspomnieniami. Poradziłem, żeby pojechali tam, poszli na spacer. Zrobili to, wspomnienia odżyły. Po powrocie poczuli się w Warszawie elitarnie, bo w ich małym mieście jest więcej zabytków niż w całej stolicy.

Wspomnienia jakby odwróciły u niego biegun emocji i związek udało się odbudować. Później krok po kroku ciągnąłem terapię opartą właśnie na tym fundamencie.

Można iść na terapię dlatego, że ktoś czuje się po prostu nieszczęśliwy?

Oczywiście, przy czym chciałbym podkreślić, że to poczucie niezadowolenia, braku szczęścia w związku musi byś trwałe, a nie chwilowe. Często zdarza się, że przychodzi do mnie wylewna kobieta i mówi, że jest jej źle na świecie, że jest nieszczęśliwa, bo niezrozumiana przez partnera, płacze. Ale przy następnej wizycie przekazuje mi już zupełnie inny obraz związku: wcześniej mówiła pod wpływem chwili, sytuacji konfliktowej. A teraz wszystko wróciło do normy, zresztą – całkiem niezłej normy. Pamiętajmy, że ludzie bardzo często czują się nieszczęśliwi, ale tylko tu i teraz, w danym dniu, o danej godzinie albo przez kilka dni, albo mają dołek psychiczny – i wtedy wszystko czarno widzą. Jeśli przeprowadzilibyśmy dzisiaj ankietę, prosząc ileś tam osób, aby oceniły swój związek, to pamiętajmy, że część opinii będzie wyrażana pod wpływem nastroju, emocji, depresji, kłótni, bo dzisiaj akurat mają pod górkę. Jeżeli ktoś mówi, że jest nieszczęśliwy w związku, to przede wszystkim poczekajmy, czy to samo powie za tydzień. To ważne.

Jak długo trzeba czuć się nieszczęśliwym, żeby to naprawdę był poważny problem?

Miesiąc, non stop dzień w dzień. Poza tym zdanie: „Czuję się nieszczęśliwy w związku" też jest trochę nieprecyzyjne, bo czy dotyczy totalnej oceny związku? Czy tego, że ona nie mogła dzisiaj kupić sukienki, a on musiał zostać w domu z dziećmi, bo ona poszła do kina sama, albo nie było dzisiaj seksu, bo druga osoba nie chciała. Jeżeli mamy mówić o osobach, które czują się nieszczęśliwe w związku, to przyjmijmy bardziej trwały element.

Panie profesorze, proszę zdradzić kilka metod terapii, które pan stosuje. Może niektóre z nich będą wskazówką dla naszych czytelników, jak sami mogą sobie pomóc.

Zadaję prace domowe, z których moi pacjenci składają sprawozdania – i są one nieraz bardzo drobiazgowe. Na przykład partnerzy mają opracować wysokość kwot na osobiste wydatki, co do grosza.

Po co?

Jeżeli problemem są pieniądze: on/ona uważa, że druga strona jest rozrzutna bądź – na odwrót – skąpa. I to jest problem zapalny w związku. Pracą domową może być też zalecenie przeczytania określonych lektur. Podaję tytuł i autora, a potem omawiamy je.

Jakie na przykład książki pan zadaje?

Kobietom często *Monologi waginy*. Kobieta, która nie czuje swojego ciała, która nie wie, co ma poniżej pępka, bo ma aż taki dystans do swojej intymności, musi mieć kłopoty z męsko-damską relacją. Proszę zwrócić uwagę, że nawet w mediach mówimy „intymne części ciała", a dlaczego nie można powiedzieć po prostu „pochwa"? Dlaczego pochwa jest czymś gorszym od nosa? Jeśli kobieta nic nie potrafi powiedzieć na temat swoje pochwy, chociaż jest jej właścicielką, to obowiązkowo powinna poczytać *Monologi waginy*.

A lektura dla mężczyzny?

Jest i książka o penisie. Ale mężczyznom zalecam również psychologizujące książki albo zwierzenia kobiet, literaturę kobiecą, żeby popatrzyli na świat z damskiej perspektywy, żeby wyszli ze swojego świata filmów akcji i gier komputerowych. Ostatnio jednemu z pacjentów dałem takie zadanie domowe: miał podlewać wszystkie rośliny w ich dużym domu. A wynikało to z tego, że on nawet nie wiedział, że w jego domu są rośliny, był na to ślepy, zresztą – był ślepy na wszystko, co ceniła sobie jego kobieta. On zauważał w tym domu tylko telewizor, lodówkę, swoje narzędzia i łóżko. Chciałem, żeby dostrzegł tam jeszcze inny dom, stworzony przez jej wrażliwość. I żeby wreszcie zobaczył jej świat.

Dam jeszcze jeden przykład pracy domowej. Otóż przyszło do mnie małżeństwo, w którym zaczęło się coś psuć. Kiedyś byli świetną parą, która fajnie z sobą rozmawiała. Zacząłem dopytywać, jak wygląda ich codzienność. I okazało się, że u nich od szóstej rano włączony jest telewizor, *Kawa czy herbata*, filmy, seriale, programy informacyjne – aż do zaśnięcia o północy. To nie tak, że telewizor był tylko włączony, ale przez większość dnia oglądany. Nagle oni już nie mieli o czym rozmawiać. Ona posługiwała się tylko językiem seriali i żyła światem seriali, na spotkaniach ze swoimi przyjaciółkami znowu omawiała akcję seriali. Dla niego to był zupełnie obcy świat. W ramach pracy domowej dostała zakaz oglądania telewizji. To było stopniowane, codziennie miała zmniejszać dawkę telewizji. Doszliśmy do granic rozsądku, czyli dwa seriale na dzień i program informacyjny, ewentualnie jakiś film oglądany razem. Ale sytuacja została uzdrowiona.

Z jakimi reakcjami spotykają się te prace domowe?

Budzą zrozumienie. Oczywiście bez zachwytu, bo odłączenie od telewizora, gdy codziennie oglądało się naście seriali, jest dokuczliwe. Ale jakieś ofiary muszą być. Z kolei bardzo diagnostyczna jest sytuacja, jeśli ktoś nie wywiązuje się z tego typu treningu albo wręcz go bojkotuje.

To sygnał, że nie chce pracować nad związkiem?

Może tak być, że nie bardzo zależy mu na związku albo tkwi w sieci uzależnienia. Od wszystkiego można się uzależnić – kobieta oglądająca namiętnie seriale, o której przed chwilą opowiadałem, była właśnie na granicy uzależnienia.

Słyszałam, że ma pan też metodę świąt. Co to jest?

Metoda świąt polega na tym, że w parze odprawiane są na przemian imieniny albo urodziny. Zależy, kto co bardziej ceni. To praca domowa dla pary egocentryków. Wyobraźmy ich sobie, jak walczą, a jedno jest bardziej egocentryczne od drugiego i właściwie nie wiadomo, które bardziej. Oboje są nastawieni tylko na siebie. Dochodzi do stałych spięć, konfliktów, nie ma dnia bez kłótni. A metoda świąt zakłada, że od rana jest święto i ma być przyjemnie. Świętuje się razem.

Kwiaty, czekoladki...

...kino, teatr – to zależy, co druga osoba lubi, bo świętujemy właśnie pod kątem tej drugiej osoby. Może to być taniec, może być wizyta w restauracji. Jakiś drobny prezent. W ten sposób ludzie w parze uczą się ukierunkowania przez cały dzień na drugą osobę. Jeżeli ta metoda zda egzamin, to istnieją duże szanse dla związku.

A metoda życie po rozwodzie?

Metoda życie po rozwodzie jest dla tych, którzy stale się szantażują: „No to rozwiedźmy się". Czasami nawet kilka razy dziennie słyszą: „OK, to się rozstańmy". No to proszę bardzo: dostają zadanie domowe, żeby zaczęli prowadzić życie po rozwodzie. I jak im się teraz żyje? Następuje pełna separacja. Jeżeli jest możliwa, to i przestrzenna, czyli przestają mieszkać razem. Przenoszą się do rodziny, przyjaciół, niektórych stać na wynajęcie mieszkania, inni zajmują pokój służbowy w miejscu pracy. I teraz obserwują siebie w życiu po rozwodzie: dobrze im oddzielnie czy może źle? Są tacy, którzy się konsolidują, bo okazuje się, że nie chcą rozwodu i związek przeżywa renesans, ale są i tacy, którzy mają poczucie ulgi.

I co? Nie ma już dla nich ratunku?

Jeżeli jest im dobrze po rozwodzie, to wygląda na to, że sami siebie uratowali, bo podjęli decyzję, że życie po rozwodzie stanowi dla nich lepsze rozwiązanie.

Analizuje pan także sposób komunikacji w parze?

Tak, służy temu analiza transakcyjna. Analizuję poziom komunikacji, bo może się okazać, że wcale nie są partnerami, tylko rozmawiają z sobą z pozycji dziecko–dziecko albo rodzic–dziecko. To im może odpowiadać albo może i nie. Na przykład kobieta mówi: „Już nie chcę mu matkować, a on zachowuje się jak dziecko. Chcę mieć partnera". Wtedy analizujemy zachowania i potem oni dowiadują się, jak można funkcjonować na innym poziomie. To również można trenować, bo jeżeli np. mężczyzna ustawia się w roli dziecka, można mu zadać pracę domową: to nie ona będzie kupować bilety na wakacyjny wyjazd i nie ona będzie decydować, dokąd pojadą, tylko on podejmie inicjatywę i zrobi to wszystko. Wówczas ustawia się partnersko i nie obraża w sytuacji konfliktowej, tylko staje do konfrontacji poglądów, ponieważ jest dorosły. Ale – uwaga! – związek osoby dorosłej z osobą dorosłą nie jest kluczem do szczęścia. Oczywiście, związek partnerski to bardzo dobry model, ale zaznaczam: istnieje pewien odsetek par, gdzie obowiązuje relacja rodzic–dziecko i wszystko bardzo dobrze się układa. Jest im dobrze – i tacy chcą być. OK, niech sobie będą.

A przy okazji problemu dorosłości: wiadomo, że człowiek powiela w swoich związkach wzory z dzieciństwa. Walczyć z tym?

Samo powielanie scenariuszy, do czego mamy skłonność, nie musi być czymś złym, bo jeżeli nawet wybieramy partnerów matko- czy ojcopodobnych, a mieliśmy z nimi dobre relacje i oni sami też między sobą tworzyli harmonijny związek, to oczywiście nic w tym złego. Sprawa się komplikuje, i to podwójnie, gdy wzory wyniesione z domu rodzinnego są negatywne. A komplikuje podwójnie, bo łatwo wejść w pewną pułapkę. Wielu ludzi myśli: „O, nie, ja takiego małżeństwa jak moi rodzice nie chcę. W życiu! Moje będzie inne". A w rzeczywistości, mimo tych samozapewnień, powtarzają kropka w kropkę błędy rodziców. Dlaczego, jak do tego doszło? Trzeba pamiętać, że mechanizm naśladowania jest bardzo silny. Dlatego niezwykle ważne jest, żebyśmy byli naprawdę wolni w kształtowaniu własnego życia, w wyborze partnera. Warto, o czym już mówiliśmy, samemu się zastanowić, co mam z matki, co mam z ojca albo z innych przodków. I starać się wydobywać dobre cechy wspólne, a te złe w miarę możliwości kontrolować.

Wróćmy do metod terapii. Metoda wsparcia, panie profesorze – kto kogo wspiera?

Niech pani sobie wyobrazi, że partnerowi nie udało się obronić habilitacji. Bardzo źle reaguje, traktuje to prestiżowo, ambicjonalnie. Ma świadomość, że na uczelni wszyscy o tym wiedzą. Przeżywa bardzo trudne chwile, bo dla naukowca to ogromna porażka. Wsparcie ze strony żony czy partnerki będzie więc polegało na tym, że ona spróbuje mu to napięcie pomóc rozładować, dowartościować go czymś. Ale nie na zasadzie: „Widzisz, ci idioci zazdrościli twojego dorobku i z nienawiści do ciebie to zrobili!". Nie należy iść w tę stronę, tylko pokazać partnerowi, w czym jest dobry, że teraz się nie udało, ale przecież można powtórzyć, że droga nie jest zamknięta. Metoda wspierania powinna przebiegać nie na poziomie emocji, lecz racjonalności. Jednemu bardziej pomaga wypicie butelki wina, drugi chce się zatopić na chwilę w życiu towarzyskim, trzeciemu pomoże urlop w Tajlandii. Drogi są różne. Partnerzy się znają, wiedzą, co ich odpręża. Na mnie dobrze działa muzyka, bardzo szybko relaksuję się właśnie przy muzyce. Mogę się sam udobruchać. W samochodzie, w którym akurat siedzimy, na pendrivie mam ok. dwa tysiące płyt, średnio po 20 utworów. Wyobraża sobie pani, jaką mogę sobie robić muzykoterapię?

Panie profesorze, w jakiej sytuacji pan poległ i związku nie dało się uratować?

Kiedy związek jest już ruiną. Niewiele mogę zrobić, gdy od wielu lat istnieje trójkąt, o którym zdradzana strona związku nie wiedziała i dowiedziała się właśnie niedawno. A sprawy poszły za daleko, strona zdradzająca nie ma zamiaru się wycofać z romansu. No i jak reagować na krzyk, płacz, dramat? W takich przypadkach uczciwie informuję, że w tej sytuacji nie widzę możliwości prowadzenia terapii małżeńskiej. Mogę jedynie pomóc w ramach terapii indywidualnej, żeby mogli się dostosować się do nowej sytuacji, lepiej zrozumieć, dlaczego doszło do rozpadu tego związku.

Bywają też takie sytuacje, gdy przychodzi do mnie para, trzymają się za rączki, siadają blisko siebie i zapewniają, że się kochają. No świetnie, tylko skoro wszystko jest tak dobrze, to po co ja jestem potrzebny?

No właśnie, co się kryje pod taką „miłością"?

Niejednokrotnie głęboki kryzys w związku. Na samym początku spotkania ze mną wypowiadają słowo „miłość", żeby zaczarować rzeczywistość. Są przerażeni tym, co się między nimi stało, wypierają świadomość. Są ludzie, którzy nie wierzą w rozpoznanie choroby albo w zgon drugiej osoby. Tak samo można również negować kryzys w związku. Może sobie uświadomili, że już do siebie nie pasują? Szli przez lata razem, poznali się jeszcze w piaskownicy, przyzwyczaili do siebie. Co prawda nie ma już pożądania, żyją jak brat i siostra, ale lękają się rozstania, bo właśnie są „rodzeństwem". To może być bardzo silny lęk, bo oni przez całe życie mieli tylko siebie. Albo jedna osoba pełni w tym związku rolę dziecka, a teraz mamusia albo tatuś chcą odejść? Dramat.

Inna sytuacja: prawdziwy motyw, który stał się przyczyną rozpadu związku, poznaje się po wielu latach. Przez ten czas żyliśmy w nieświadomości. Na przykład kobieta po 20 latach małżeństwa mówi: „Mnie nigdy z tobą nie było dobrze, bo przez te 20 lat miałeś przedwczesny wytrysk". Szok. Ona mu tego nigdy wcześniej nie powiedziała, on nie miał takiej świadomości. A przecież można było im bardzo łatwo pomóc na samym początku i rozwiązać problem w dwa, trzy miesiące.

Są też związki, które określam jako związki firm, a nie dusz. Sieć zależności.

Czyli?

Ona jest uzależniona od niego, a jednocześnie dojrzała do emancypacji. Najchętniej chciałaby się rozwieść, nosi w sobie taką decyzję, ale nie może, bo czuje się uzależniona. Gdzie zamieszka? Z czego będzie żyć? A na dodatek się go boi, uważa, że mógłby nawet ją zabić, gdyby się rozjuszył. Jest w niewoli. Przychodzą do mnie z całkowicie sprzecznymi interesami. Ona terapię traktuje jako sposób na przekonanie partnera, żeby uwolnił ją od siebie, dając różnorakie zabezpieczenia, które ułatwiłyby jej życie. A on oczekuje tego, żeby było jak wcześniej.

Co może nas niepokoić podczas pierwszej wizyty, oprócz tego, o czym pan wspominał, czyli natychmiastowej rady: rozstańcie się?

Jeśli terapeuta wszystko wie, zanim otworzymy usta. Albo jeśli powołuje się na własne życie, np. mówi o swojej sprawie rozwodowej. Albo jeśli ocenia pacjenta lub jego partnera słowami typu: egoista, zły człowiek, psychopata. Powinien budzić niepokój również terapeuta, który miesiącami analizuje wczesne dzieciństwo. To szkoła psychoanalityczna, ale bez przesady – jeśli po pół roku terapii nie zakończyliśmy jeszcze etapu wieku przedszkolnego... to coś jest nie tak. Mówimy w końcu o terapii związków.

Wypalenie

Jest kilka sygnałów, które świadczą o tym, że miłość się już wypaliła. Jeżeli na przykład pytam kobietę albo mężczyznę: „Co by się stało, gdyby twój partner/partnerka był/była z kimś innym" i nie budzi to w nich żadnej emocji, to jest to jeden z wyraźniejszych sygnałów: „It is over". To nawet bardziej dojmujące niż obojętność. Kiedy proszę np. mężczyznę: „Niech pan sobie wyobrazi swoją żonę w ramionach innego mężczyzny", a on bez problemu sobie to wyobraża, to jest to absolutnie sygnał, że miłość się skończyła albo właśnie kończy.

Mogą pozostać takie uczucia, jak szacunek, sympatia, lubienie, ale nie ma już wyższej skali więzi uczuciowej. Obu stronom nie zależy na intymności, potrzebie przytulenia, pieszczot. Mogą leżeć obok siebie w łóżku, oglądać telewizję, ale nie mają potrzeby, by się przytulić, pogłaskać. Później jest ciąg dalszy, bo pojawia się dystans psychiczny, rozmyślanie: „Jak ja mogłem/mogłam go/ją kochać!". Jeżeli ktoś tak myśli, to znaczy, że miłość minęła. Dla wielu ludzi jest to nawet bardzo przykre i prawie egzystencjalne stwierdzenie. Czasem w takich momentach człowiek po raz pierwszy zaczyna się zastanawiać nad sensem życia i przemijaniem. Staje w prawdzie: „Tak bardzo bliska mi osoba jest mi w tej chwili kompletnie obojętna. Kochałem ją, a teraz jej nie kocham. Jak dużo się zmieniło...".

Za tym bardzo często idzie poczucie ogromnego zdziwienia, że przeszło się od etapu wielkiej bliskości do obojętności. Oczywiście obie strony mogą – i jest to bardzo pozytywne, jeżeli tak się stanie – przyjaźnić się dalej, współpracować z sobą, opiekować się dziećmi, ale nie ma mowy o uczuciu. Jakość bycia razem jest zupełnie inna. I nieraz obserwuję, że ludzie są zaskoczeni, że tak może być. Skąd się to bierze? Ano z tego, że wieczność nagle się skończyła, została ucięta. Przecież zakochani zawsze myślą kategoriami metafizycznymi, zawsze jest w tym wszystkim dążenie do unieśmiertelniania uczucia. Kategorie myślowe opisujące uczucia są zawsze temporalne. Czas przeszły zakochani interpretują słowami: „Byliśmy sobie przeznaczeni", czas teraźniejszy: „Spotkaliśmy się", czas przyszły: „Zawsze będziemy razem", „Będziemy się kochać nawet na tamtym świecie". Przeszłość, teraźniejszość i przyszłość stanowi dla osób zakochanych jedną perspektywę. Kiedy więc się okazuje, że ten ciąg czasowy zostaje przerwany, nic dziwnego, że można czuć się mocno zagubionym. Jak usiłują z tego wybrnąć? Obwiniają siebie, mówią: „Uległem/uległam iluzjom". Ale także filozofują: „Miłość to fatamorgana". Lub mówią: „Miłości nie ma, jest chemia seksu. I to przechodzi". Inni powiedzą: „Kochałem/kochałam miłość, a nie osobę". To znaczy, że ktoś chciał być bardzo zakochany i możliwe, że zakochał się w samej idei miłości. Wobec tego osoba partnera spadła właściwie na drugie miejsce. Stale zresztą była dopasowywana do modelu miłości, który zakochana w miłości osoba miała w głowie. I jeżeli w te ramy nie udało się jej wpasować, następowało rozczarowanie. To bardzo często spotykany stan, piękny, bo miłość jest przyjemnym, radosnym stanem, więc nic dziwnego, że do tego się dąży. Gdybym miał to porównać ze zjawiskiem dosyć powszechnym w naszym społeczeństwie, to powiedziałbym trochę złośliwie: to tak, jak ktoś kocha Polskę, a nie kocha

Polaków. Pała miłością do idei, a nie osoby.

Jeżeli jednak ktoś myśli, że prawdziwa miłość nie istnieje, nic dobrego z tego nie wynika. Taka postawa sama w sobie jest bardzo niedobra dla człowieka, ponieważ stanowi przyczynę samotności. Zgorzknienie emanuje na otoczenie i nikt się nie garnie do utrzymywania stosunków z taką osobą. Jeżeli goszczę w gabinecie pacjentkę, która mówi, że nie wierzy w prawdziwą miłość, nie mam zamiaru jej przekonywać, że jest inaczej. Zadaję jej tylko proste pytanie: „Jak pani wyobraża sobie życie z taką ideą?". Ja jestem pewny, że miłość istnieje.

(Zbigniew Lew-Starowicz, „O miłości")

Spis treści